# FESTIVAL

**Méthode de français 3**
**Cahier d'exercices**

Anne Vergne-Sirieys
Michèle Mahéo-Le Coadic
Sylvie Poisson-Quinton

**CLE**
INTERNATIONAL

# Avant-propos

Ce cahier propose des activités complémentaires correspondant aux 24 leçons regroupées en 6 unités de Festival 3.

Ces activités permettent de travailler l'écrit et l'oral, tant la compréhension que l'expression, et permet d'approfondir les sujets de civilisation découverts dans le manuel.

**Comme dans Festival 2, chaque leçon comporte cinq ou six rubriques.**

• **Compréhension et expression orales :** les exercices de compréhension proposent d'écouter différentes sortes de documents en relation avec le thème de la leçon ; les exercices d'expression mêlent la description, le récit court, l'expression d'un point de vue et sont proposés avec des contraintes lexicales.

• **Phonétique, rythme et intonation :** ces exercices aident à distinguer les sons du français, à repérer les principales difficultés de prononciation de la langue, à reconnaître différentes intonations expressives ou encore à s'entraîner à suivre le rythme de la phrase.

• **Phonie-graphie :** travail de transcription de l'oral, en particulier de l'oral standard, voire familier, à la langue écrite, plus formelle.

• **Compréhension et expression écrites :** les exercices proposés portent sur la compréhension globale et la compréhension détaillée d'un texte. Les activités d'écriture, comme pour l'expression orale, mêlent la rédaction de descriptions, de récits courts, de lettres, d'essais, la reprise des manières de dire ou du lexique de la leçon.

• **Grammaire :** les exercices reprennent chaque point étudié dans le manuel et complètent les exercices d'écriture déjà proposés dans celui-ci.

• **Civilisation :** les activités liées à la civilisation sont réalisables à l'écrit ou à l'oral et permettent de travailler les différentes compétences. Les sujets abordés reprennent et élargissent les thèmes du manuel.

Ce cahier peut être utilisé en classe mais l'apprenant peut également l'utiliser, ainsi que le CD audio, en auto-apprentissage. La correction de tous les exercices et la transcription des enregistrements figurent dans un livret séparé.

**Crédits photographiques :**

| | | | |
|---|---|---|---|
| 5 | © Ph. Fazlioglu / A.A. / SIPA PRESS | 40 bas | Ph. © Paris C. / URBA IMAGES SERVER |
| 9 g | Ph. © Alfred / SIPA PRESS | 42 | Ph. © Christian Liewig / Liewig Media Sport / CORBIS |
| 9 m g | Ph. © Ph. Stephane Cardinale / People Avenue Fashion-Paris Christian Lacroix / CORBIS | 44 ht | Ph. © Owen Franken / CORBIS |
| 9 m m | Ph © Lydie / SIPA PRESS | 48 g | BIS / Ph. Coll. Archives Larbor |
| 9 m d | Ph. © Alessandro Bianchi / REUTERS | 48 d | BIS / Ph. Coll. Archives Nathan |
| 9 d | Ph. © Stephane Cardinale / People Avenue Fashion-Paris Jean-Paul Gaultier / CORBIS | 49 et 50 | Ph. © Philippe Cazeel |
| 10 | Ph. © Jean-Paul GAULTIER | 52 ht g | Ph. © Keystone / HPP |
| 12 | BIS / Musée de la Mode et du Textile, Paris / Ph. J. L. Charmet © Archives Larbor | 52 ht d | Ph. © Orban Thierry / CORBIS |
| | | 52 ht g | Ph. © Étienne de Malglaive /GAMMA / HPP |
| 16 g | Ph. © Europresse / Sygma / CORBIS | 52 bas g | Ph. © Jean-Pierre Tartrat / GAMMA / HPP |
| 16 d | Ph. © Roncen Patrick / CORBIS | 59 | Ph. © Maurice Branger / ROGER-VIOLLET |
| 17 | Ph. © PNS / PHOTONONSTOP | 60 ht | Ph. © Emma Rian / CORBIS |
| 20 | Ph. © CORBIS | 60 bas | BIS / Ph. L. Sully-Jaulmes © Musée des Arts décoratifs - Archives Larbor |
| 24 g | Ph. © Cyril Delettre / REA | | |
| 24 m g | Ph. © Achdou F. / URBA IMAGES/AIR IMAGES | 68 | BIS / Ph. Jeanbor © Archives Larbor |
| 24 m d | Ph. © Achdou F. / URBA IMAGES/AIR IMAGES | 69 | Ph. © RABILLON JEAN-FRANCOIS |
| 24 d | Ph. © Thomas Jullien / PHOTONONSTOP | 72 | Ph. © Stephane Cardinale / People Avenue / CORBIS |
| 24 bas g | Ph. © Nicolas Marques / KR Images Press | 73 | Ph. © Alfred / DPPI / SIPA PRESS |
| 28 | Ph. © Bettmann / CORBIS | 74 | Ph. © Fauggere / DPPI / SIPA PRESS |
| 34 | BIS / Ph. Hubert Josse © Archives Larbor | 77 | © FAUJOUR LOÏC |
| 38 | Ph. © Luc Olivier / FRANCEDIAS.COM | 80 | BIS / Ph. H. Josse © Archives Larbor |
| 40 ht | Ph. © Franz-Marc Frei / CORBIS | 82 ht | Ph © MVRDV |
| 40 ht | Ph. © Franz-Marc Frei / CORBIS | 82 bas | Ph © Jean-Philippe ZOPPINI |
| | | 83 | Ph. © Freedom Ship International - DR |

Direction éditoriale : Michèle Grandmangin
Édition, mise en pages : Jean-Pierre Delarue
Conception graphique, couverture : Anne-Danielle Naname

Recherche iconographique : Danièle Portaz
Illustrations : Eugène Collilieux
Cartographie : Graffito

© CLE International / Sejer 2007 – ISBN 2 09 035 327 4

# Faits divers

## Compréhension et expression orales

**1** 🎧 **Complétez le sommaire de ce journal avec les mots et expressions que vous entendez, puis répondez aux questions.**

«Vous écoutez France Actu. Il est 19 heures. ___LE JOURNAL___ d'André Bourilot.

À la une ce soir : les explications trop ___VAGUE___ du Premier ministre sur l'affaire Marestreal ___FORM L'OBJECTIVE___ nombreuses critiques de la part de l'opposition. "Dans ___LE DOTTE___, laissons faire ___LA JUSTICE___ " a déclaré le ministre dans un bref communiqué. Nous verrons ___LES DETAILS___ avec Agnès Lénin.

___CRIME___ de la jalousie à Villesèque-des-Corbières, dans l'Aude : ___A LA SUITE___ une dispute avec sa femme âgée de 84 ans qui voulait divorcer, un homme de 73 ans a tué celle-ci avec une bombe artisanale qu'il avait fabriquée lui-même. Cet ancien ___SOLDAT___ à la retraite doit comparaître devant ___LE TRIBUNAL___ de Narbonne, mardi prochain. Explications tout à l'heure avec François Barson.

Les filles ___FRECANT___ trop peu les filières scientifiques. Comment leur donner le goût des sciences ? Un rapport qui propose des solutions doit être présenté demain à l'Assemblée nationale. Enquête de Thomas Frescan.

Éric Vanderling est mort. Sandrine Cointeau retracera pour vous ___LE PARCOURS___ étonnant de cet ___ILLUST___ homme d'affaires qui ___S'EST AFFICLER___ cette nuit à l'hôpital de la Pitié à Paris.

Dans ce journal également, le mariage ___INSOLITE___ d'un Malaisien de 33 ans avec une femme âgée de 104 ans. Le jeune homme a dit à ___LA PRESSE___ locale qu'il ne l'avait pas fait pour l'argent. Quant à la "jeune" mariée, elle a souhaité que ce mariage "dure longtemps". »

**1.** À votre avis, que signifie l'expression : « À la une ce soir » ?

..................................................................................................................................

**2.** Dans quelles rubriques classeriez-vous ces informations ?

**a.** ........................................................     **d.** ........................................................

.................... ....

**b.** ........................................................     **c.** ........................................................

**e.** ........................................................

# Phonie, graphie

**2** 🎧 **Infinitif des verbes : écoutez et complétez.**

*balayer – travailler – réveiller – payer – détailler – rayer – conseiller*

**1.** J'entends [aje], j'écris ............................................................................

**2.** J'entends [εje], j'écris .......................................................... ou ..........................

**3** **Trouvez le nom qui correspond au verbe ou l'inverse (vous pouvez utiliser le dictionnaire).**

trouver *DÉCOUVERTE / TROUVAILLE* travailler *TRAVAIL*

*ÉPOUSER* les épousailles *CONSEILLER* un conseil

*DÉTAILLER* un détail éventer *DÉCOUVERTE /*

réveiller *RÉVEIL* *MANGER* la mangeaille (très familier)
*(Food)*

# Compréhension et expression écrites

À partir des éléments d'information suivants, d'après le modèle précédent, rédigez un article ironique pour l'AFP.

| personnes | lieux | faits |
|---|---|---|
| Georges Salney (un client) | Un restaurant de la chaîne américaine TGI Friday's, à Bloomington (Indiana du Nord) | **1.** Découverte d'un bout de doigt dans un hamburger et des frites. **2.** Appel à la police. **3.** La police explique que c'est un accident, que le cuisinier s'est coupé en préparant son plat, qu'il est parti très vite chez un docteur et que le serveur n'a pas vu le bout de doigt dans l'assiette. **4.** Remboursement du plat et excuses publiques du restaurant. |

*LE RESTAURANT S'EXCUSE POUR UN BOUT DE DOIGT DE CUISINIER DANS LES FRITES*

Un client a failli goûter à ....................................................................................

....................................................................................................................

....................................................................................................................

# Civilisation

**5** **Lisez l'article suivant et répondez aux questions.**

## GÉRARD DEPARDIEU : ELLE EST PAS BELLE LA VIE ?

Juste après une petite cure de remise en forme (sept kilos de perdus tout de même !) du côté de Quiberon, et avant de se plonger dans l'effervescence du 59e festival de Cannes (il y défendra *Quand j'étais chanteur*, film de Xavier Giannoli, en sélection officielle), ce sont dans les eaux bleues de l'île Maurice que Gérard Depardieu est allé chercher un peu de douceur et de repos. Et si Clémentine Igou, sa jolie et jeune amoureuse, n'a pas partagé le séjour breton (il faut dire qu'elle n'a pas un gramme à perdre, elle !), en revanche, pour ce petit intermède au bord de l'océan Indien, elle a fait serviette de plage commune avec notre Gégé préféré. Un choix climatique que l'on comprend facilement : entre les tournages, les voyages d'affaires et autres invitations de Gérard, ce n'est pas si souvent que Clémentine peut avoir son homme pour elle toute seule ! Car malgré leur différence d'âge (elle a 28 ans, lui en aura 58 à la fin de l'année), cette romancière d'origine américaine, responsable d'un domaine viticole en Toscane, a pour lui les yeux de Chimène. Quel veinard, ce Gégé !

J. B. *Gala*, 10/05/2006

**1.** Quelles sont les expressions qui signifient : de courtes vacances : *PETIT INTERMÈDE*
C. Igou est partie au bord de la mer avec : *FAIT SERVIETTE DE PLAGE* Elle est très amoureuse de
G. Depardieu : *LES YEUX DE CHIMÈNE* Comme il a de la chance ! : *QUEL VEINARD*

**2.** Quelles expressions utilise le journaliste pour désigner l'acteur ? À votre avis, quel est le rapport des Français avec l'acteur ? *UN PEU JALOUSIE*

**3.** Qu'est-ce qui peut faire rêver le lecteur dans cet article ? *QU'EST QUE VOUS PENSEZ*

**4.** Et chez vous, quelles sont les stars nationales qui alimentent la presse people ?
*JOHNNY DEPP (SONDHEIM'S SWEENY TODD) WITH HELENA BONAM CARTTER*

# Ces métiers qui disparaissent

## Compréhension et expression orales

**1** 🎧 **Écoutez la description de ces trois métiers, puis complétez la grille pour chacun d'eux.**

| | Que font-ils? | Aspects positifs | Aspects négatifs |
|---|---|---|---|
| sommelier (ère) | *A SALLE DE RESTO PROPOSE DES VINS* | *DÉGUSTE BEAUCOUP* | *PAS BEACOUP DES POSTES* |
| modiste | *FABRIQUE LES CHAPEAUX* | *TOUJOURS TOUS EST DIFFÉRENCE* | *DIFFICULTÉ TROUVER UN BOULOT* |
| chocolatier-confiseur | *FABRIQUE LES CONFISERIES, CHOCOLAT* | *LES NOUVEAUX GOÛTS* | *HORAIRE TRÈS DIFFICILE ET SAMEDI* |

**2** **À votre tour, présentez par oral le métier de relieur doreur à partir des informations ci-dessous :**

| | Que fait-il? | Aspect positif | Aspect négatif |
|---|---|---|---|
| *relieur doreur* | reliure des feuilles d'un livre, dorure des feuilles avec de fines feuilles d'or, réparation des livres abîmés, restauration des livres anciens | métier très ancien et rare, mais beaucoup demandé | plus difficile de travailler pour les jeunes que pour les plus âgés. |

## Phonétique, rythme et intonation

**3** 🎧 **Écoutez et cochez la bonne case.**

| | 1 | 2 | 3 | 4 | 5 | 6 | 7 | 8 | 9 | 10 |
|---|---|---|---|---|---|---|---|---|---|---|
| J'entends d'abord [œ] puis [φ] | | | | | | | | | | |
| J'entends d'abord [φ] puis [œ] | | | | | | | | | | |

## Phonie-graphie

**4** **Complétez avec *ce qui*, *ceux qui*, *ce que (ce qu')* ou *ceux que (ceux qu').***

**1.** *CEUX QUI* étaient avec moi vous diront la même chose : *CE QUI* s'est passé est horrible !

**2.** *CEUX QUI* ont écouté *CE QU'* il a dit n'ont pas compris *CEUX QU'* a amusé. *ceux qui*

**3.** *CE QUE* je voulais, c'était qu'il reste avec *CEUX QU'* il avait invités, *CEUX QU'* l'apprécient pour *CEUX QU'* il est vraiment. *CE QU'*

# Compréhension et expression écrites

**5** Trouvez les noms féminins qui correspondent aux verbes suivants :

disparaître .................................................

réparer .................................................

fréquenter .................................................

énumérer .................................................

habiter .................................................

fabriquer .................................................

arrêter .................................................

confondre .................................................

# Grammaire

**6** Complétez le tableau suivant.

| | ÊTRE | pouvoir | AVOIR | vouloir | FAIRE ✓ |
|---|---|---|---|---|---|
| que je | sois | PUISSE | AIE | VEUILLE | FASSE |
| que tu | SOIS | PUISSES | AIES | VEUILLES | FASSES |
| qu'il/elle/on | SOIT | PUISSE(NT) | AIT | VEUILLE | fasse |
| que nous | SOYONS | PUISSIONS | ayons | voulions | FASSIONS |
| que vous | soyez | PUISSIEZ | AYEZ | vouliez | FASSIEZ |
| qu'ils/elles | SOIENT | puissent | aient | VEUILLENT | fassent |

**7** Transformez les phrases pour obtenir des complétives au subjonctif.

**1.** Je regrette ton départ.

**2.** Nous souhaitons tous l'arrivée du printemps. .................................................

**3.** Je veux votre réponse dans une heure. .................................................

**4.** J'ai horreur de la pluie. .................................................

**5.** Il se plaint de la disparition de certains métiers. .................................................

**6.** Ils aimeraient notre autorisation pour partir. .................................................

**8** Reliez les deux phrases avec une complétive, comme dans l'exemple. Attention au mode de la complétive.

**1.** Ces réverbères seront bientôt changés. Je l'espère.

*J'espère que ces réverbères seront bientôt changés.*

**2.** Tu auras ton permis de conduire ? Je n'en suis pas sûr !

.................................................

**3.** Le criminel a été arrêté hier ? Je le pense.

.................................................

**4.** La fête s'achèvera avec le soleil ? J'en doute.

.................................................

**5.** La justice a bien fait son travail. Je le crois.

.................................................

**6.** Tu ne confonds plus ta droite avec ta gauche ? J'en suis heureux !

.................................................

**7.** Prends plutôt le train. C'est préférable. .................................................

# Civilisation

**9** **Lisez le texte ci-dessous et répondez aux questions.**

## LES MÉTIERS D'AVENIR EN FRANCE

Avec le départ des papys boomers[1], les besoins en main-d'œuvre vont augmenter de façon très importante jusqu'en 2015. Mais pas dans tous les secteurs. Selon la Darès (Direction de l'animation de la recherche, des études et des statistiques) et le Commissariat Général du Plan, à l'origine du dernier rapport sur l'avenir des métiers, ce sont les métiers liés aux services qui seront le plus créateurs d'emplois.

D'ici 2015, les générations nées après 1945 vont se retrouver en fin de carrière. Le nombre de postes à pourvoir devrait donc augmenter fortement. 15 métiers représentent à eux seuls 50 % des postes à pourvoir d'ici 2015. En tête, les assistantes maternelles (femmes qui gardent les enfants) et aides à domicile (411 000), les agents de service et d'entretien[2] (364 000), les enseignants (360 000), les cadres administratifs et dirigeants (304 000), les aides-soignants (257 000), les conducteurs de véhicules (239 000). Les besoins se feront particulièrement sentir dans les secteurs comme la logistique[3] ou le commerce. Dans le secteur des services, les aides à domicile, employés de maison, assistantes maternelles, agents d'entretien vont se développer dans les prochaines années. Les ouvriers peu qualifiés dans l'industrie, les travailleurs indépendants dans l'agriculture, le petit commerce et l'artisanat seront par contre en recul.

### Le boom des services à la personne

Les chiffres parlent d'eux-mêmes : le secteur des services à la personne recrute et va recruter. Il emploie aujourd'hui plus de 1,3 millions de personnes et connaît une croissance annuelle de 5,5 % avec près de 80 000 créations d'emplois chaque année. C'est le secteur d'activité dont la croissance a été la plus forte pendant les dix dernières années.

Tous les métiers des services à la personne cherchent à améliorer ou à faciliter la vie quotidienne des particuliers.

1. Les personnes nées après la guerre (le "baby boom"). – 2. Une personne qui s'occupe de garder un endroit propre. – 3. Ce qui concerne le transport de marchandises.

**1.** Chercher les expressions synonymes de : les gens qui travaillent : ....................................................

être bientôt à la retraite : ...................... les chiffres sont suffisants pour expliquer : ..................

**2.** Pourquoi y aura-t-il beaucoup de postes à pourvoir d'ici 2015 en France ?
............................................................................................................................................

**3.** Quels sont les trois secteurs qui vont le plus recruter ?
............................................................................................................................................

**4.** Citez quelques métiers de services à la personne.
............................................................................................................................................

**5.** À votre avis, pourquoi y aura-t-il beaucoup de postes à pourvoir dans le secteur des services à la personne ? ............................................................................................................
............................................................................................................................................

**6.** Qu'est-ce que cela indique sur la société française ?..........................................................
............................................................................................................................................

Quels sont les métiers qui vont être les plus demandés dans votre pays dans les années à venir ? .............................................................................................................................
............................................................................................................................................

# Avenue Montaigne

## Compréhension et expression orales

**1** 🎧 **Écoutez le document puis répondez aux questions.**

**1.** Cochez la bonne réponse :

**a)** Il s'agit d'une publicité radiophonique pour les grands couturiers. ☐

**b)** Il s'agit d'une information sur un défilé de prêt-à-porter pour l'été. ☐

**c)** Il s'agit d'une information sur un défilé de haute couture pour l'été. ☑

**2.** Parmi les vêtements suivants, quels sont ceux qui sont évoqués dans le document ?

Un foulard – une veste – un costume – une jupe – une robe de soirée – un smoking.

**3.** Complétez le tableau suivant :

| Couturier | J.-P. Gaultier | Gucci | Rick Owens | Squared | Saint Laurent |
|---|---|---|---|---|---|
| Tendance (style) | CLASSIQUE | Rock | | WESTERN | ELEGANT |

**2** **À partir des photos ci-dessous et des indications, présentez pour la radio ou la télévision les différentes tendances du chapeau pour l'été 2006.**

« L'accessoire de mode à rajouter, même en été, est sans aucun doute le chapeau _____

Borsalino de Chanel

Bandeau de Lacroix

Béret de Dior

Visière siglée de Prada

Coiffe bretonne de Gaultier

## Phonétique, rythme et intonation

**3** 🎧 **Pour chacune des phrases que vous entendez, dites combien de fois vous entendez [ʃ] et combien de fois vous entendez [ʒ]**

**1.** [ʃ] : ......... [ʒ] : .........    **3.** [ʃ] : ......... [ʒ] : .........    **5.** [ʃ] : ......... [ʒ] : .........

**2.** [ʃ] : ......... [ʒ] : .........    **4.** [ʃ] : ......... [ʒ] : .........    **6.** [ʃ] : ......... [ʒ] : .........

## Phonie-graphie

**4** 🎧 **Écrivez en chiffres les dates que vous entendez.**

**1.** 1359   **2.** 2012   **3.** 1948   **4.** 1854   **5.** 1968   **6.** 1648   **7.** 1031   **8.** 1792

# Compréhension et expression écrites

**5** **Lisez cette interview du couturier Jean-Paul Gaultier pour la présentation de sa collection printemps-été 2006 et répondez aux questions.**

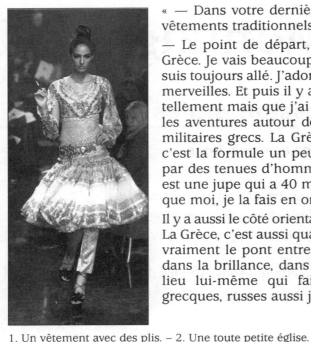

« — Dans votre dernière collection vous retravaillez à votre façon les vêtements traditionnels grecs…

— Le point de départ, c'est Paris-Athènes. C'est-à-dire un voyage en Grèce. Je vais beaucoup en Grèce et j'y vais beaucoup ces temps-ci. J'y suis toujours allé. J'adore Athènes, mais aussi les îles Cyclades. Il y a des merveilles. Et puis il y a aussi la culture grecque, que je ne connais pas tellement mais que j'ai essayé d'approfondir au travers des vêtements : les aventures autour de la foustanella qui est la jupe que portent les militaires grecs. La Grèce, on peut la représenter par des drapés[1], ça c'est la formule un peu classique… Mais on peut la représenter aussi par des tenues d'hommes justement, notamment cette foustanella qui est une jupe qui a 40 mètres de tissu et qui est une jupe guerrière, sauf que moi, je la fais en organza.

Il y a aussi le côté oriental de la Grèce antique : Byzance, Constantinople… La Grèce, c'est aussi quatre cents années d'occupation turque. Donc c'est vraiment le pont entre l'occident et l'orient. Et cet aspect se retrouve dans la brillance, dans les couleurs, dans la présentation du défilé ; le lieu lui-même qui fait penser aux petites chapelles[2] orthodoxes, grecques, russes aussi je crois. »

*Parismode.tv*, 26/01/0

1. Un vêtement avec des plis. – 2. Une toute petite église.

**1.** Retrouvez les expressions du texte qui signifient :

prendre des idées : ........................................................

être un lien entre : ........................................................

la Grèce d'avant Jésus-Christ : ........................................................

**2.** Pourquoi le couturier s'est-il inspiré de la Grèce dans sa collection ?

........................................................

**3.** Comment le couturier a-t-il choisi de représenter la Grèce ? Quels aspects a-t-il retenus ?

........................................................

**4.** Quel tissu a-t-il choisi ?

........................................................

**6** **Quand on parle de mode, quels sont les objets que l'on appelle des accessoires ?**

........................................................

**7** **En vous aidant du tableau ci-dessous, rédigez un court article en utilisant les verbes suivants : *noter que, diminuer, passer de… à, conclure*. Proposez des causes à la baisse de fréquentation des salles (offre de films moins attractive, concurrence avec les autres médias, Internet, autres façons de regarder des films…).**

Fréquentation des salles de cinéma en France

*(Centre National de la Cinématographie, bilan 2005)*

........................................................

........................................................

........................................................

| année | entrées (millions) |
|-------|--------------------|
| 2004  | 195,38             |
| 2005  | 174,15             |

# Grammaire

**8** **Répondez aux questions en utilisant les pronoms compléments qui conviennent. Attention aux accords.**

Tu as rendu son foulard à Clara ? (Non, demain) — *Non, je le lui rendrai demain.*

**1.** Tu as parlé à Sophie de notre rencontre ? (Non, c'est elle)

*Non, c'est elle qui m'en a parlé*

**2.** Vous n'avez pas reconnu le pont Henri IV ? (Non, confondre avec le pont des Arts)

*Non je l'ai confondu avec le pont des Arts*

**3.** Serge t'a prêté sa voiture ? (Non, vendre) *Non il me l'a vendue*

**4.** Pouvez-vous m'apporter l'addition, s'il vous plaît ? (Oui, tout de suite)

*Oui je vous l'apporte tout de suite*

**9** **Retrouvez l'infinitif des formes verbales soulignées.**

**1.** Il est tard, il faut que j'y <u>aille</u>. *Aller*

**2.** Je n'aimerais pas qu'elle <u>fasse</u> la même chose que sa sœur. *Faire*

**3.** Bien qu'on ne <u>puisse</u> pas partir, on prendra quand même des vacances. *Pouvoir*

**4.** Que tu le <u>veuilles</u> ou non, tu viendras avec nous au défilé du 14 juillet ! *Vouloir*

**5.** J'ai fait la liste pour que tu <u>saches</u> quoi acheter ce soir. *Savoir*

**6.** J'ai bien peur que ce vin ne <u>vaille</u> pas son prix ! *Valoir*

**10** **Reliez les phrases en utilisant « pour que » ou « bien que ». Attention aux modes.**

**1.** La rue reste sombre. Les réverbères sont tous allumés.

..................................................................................

**2.** Il faut l'encourager ; il ne renoncera pas à son projet.

..................................................................................

**3.** Faites vos courses dans les petits commerces ; ils ne disparaîtront pas.

..................................................................................

**4.** Jeanne adore assister aux défilés de haute couture ; elle n'achète que du prêt-à-porter.

..................................................................................

**5.** J'ai mis une étiquette noire sur le parfum Dior et une rouge sur le parfum Guerlain. Vous ne les confondrez pas.

..................................................................................

**11** **Accordez le verbe avec le sujet.**

**1.** La plupart de ma famille (habiter) ........................... dans les Alpes, bon nombre de mes amis (vivre) ........................... en Bretagne et quelques-uns (être installé) ........................... sur la Côte d'Azur. C'est bien pour les vacances !

**2.** Bon ! Je peux commencer ? Tout le monde (être) ........... là ? Chacun (être) ........... à sa place ?

**3.** La plupart des joailliers (se trouver) ........................... du côté de la place Vendôme alors que bon nombre de grands couturiers (s'installer) ........................... avenue Montaigne.

**4.** La plupart des spectateurs (s'ennuyer) ..........................., même si aucun ne (s'en aller)

..................................................................................

# Civilisation

**12** **Lisez le document suivant et répondez aux questions.**

## DE LA POUPÉE AU MANNEQUIN EN CHAIR ET EN OS…

Frisée, poudrée, parfumée et enrubannée, avec ses robes à paniers et à dentelles, ses bas brodés et ses escarpins[1], «la poupée de la rue Saint-Honoré» était attendue dans toute l'Europe du XVIIIe siècle comme une reine. Surtout à Londres, où elle débarquait une fois par mois. À Venise aussi, Vienne, Saint-Pétersbourg et Constantinople, où ses visites étaient plus espacées. Le «mannequin-voyageur» servait de vitrine à la mode de Paris, ou plutôt à celle de la cour de Versailles, dont les caprices et les extravagances[2] faisaient la loi dans tous les salons.

Les produits des ateliers parisiens, avec leurs accessoires, suivaient la poupée, ainsi que les artisans, parfumeurs, perruquiers[3], à la grande colère des fabricants locaux et de leurs gouvernements, parfois même des souverains. L'impératrice de Russie, Catherine II, a promulgué une loi déclarant la guerre à la mode française. Sa colère visait aussi sa belle-fille, la grande duchesse Marie Féodorovna «passionnément éprise de la France et de ses modes», qui était revenue de Paris «avec deux cents caisses remplies de gazes, de pompons et autres articles de toilette[4]». Elle entretenait une correspondance régulière avec Mlle Bertin, cette jeune modiste pleine de talent que Marie-Antoinette avait adorée, à peine arrivée à Versailles pour épouser le futur Louis XVI, et que les Parisiens surnommaient «le ministre de la mode».

La supériorité de Paris, en matière de mode féminine, survit à la Révolution. Elle continue à s'affirmer au XIXe siècle avec la naissance de la haute couture, grâce à un Britannique, Charles Frédéric Worth. En 1846, il quitte Londres pour Paris, où il travaille d'abord dans le commerce des textiles. Il taille des robes pour sa femme Marie, avant de fonder son propre commerce en 1858 et de s'installer 7 rue de la Paix, non loin de l'Opéra. Il a l'idée de présenter ses créations à ses clientes – en premier lieu la princesse de Metternich et l'impératrice Eugénie –, en les faisant porter par des mannequins en chair et en os. Le défilé de mode, inséparable aujourd'hui de l'idée même de collection, était né.

J. L. Arnaud, www.diplomatie.gouv.fr

1. Les chaussures. – 2. Une bizarrerie – 3. Un fabricant de perruques. Les perruques sont de faux cheveux. – 4. Les vêtements et accessoires

**1.** Relevez dans le texte les expressions qui signifient :

bien vivant : ............................... qui aime passionnément : ...............................

écrire des lettres régulièrement : ...............................

**2.** Comment l'Europe connaissait-elle la mode de France au XVIIIe siècle ?

........................................................................

**3.** Pourquoi les gouvernements des pays européens n'aimaient ils pas voir arriver «la poupée de la rue Saint Honoré » ?

........................................................................

**4.** Quels personnages politiques importants sont évoqués dans ce texte ? Cherchez leurs dates de naissance et de mort.

........................................................................

**5.** Pourquoi peut-on dire que Worth est l'inventeur de la haute couture parisienne ?

........................................................................

# Le jean à la folie !

## Compréhension et expression orales

**1** 🎧 **Écoutez les points de vue différents des personnes et complétez le tableau.**

|  | aime / n'aime pas | qualités / défauts | façon de le porter |
|---|---|---|---|
| 1<sup>re</sup> personne | | | |
| 2<sup>e</sup> personne | | | |
| 3<sup>e</sup> personne | | | |
| 4<sup>e</sup> personne | | | |

**2** **Ils sont invités à dîner chez des amis. Faites parler le père, utilisez les mots suivants :** *refuser, sali, usé, déchiré, imaginer, choquer.*

— Tu ne vas pas aller comme ça chez les Pélignon…

.................................................

.................................................

.................................................

.................................................

.................................................

## Phonétique, rythme et intonation

**3** 🎧 **Indiquez quelle phrase correspond à chacune des suites vocaliques (suites de sons voyelles).**

| [ɛ̃] [ɛ̃] [ɑ̃] [ɔ̃] | [ɑ̃] [ɛ̃] [ɔ̃] | [ɑ̃] [ɔ̃] [ɛ̃] | [ɛ̃] [ɔ̃] [ɑ̃] | [ɔ̃] [ɑ̃] [ɛ̃] | [ɔ̃] [ɔ̃] [ɔ̃] [ɛ̃] [ɑ̃] |
|---|---|---|---|---|---|
| | | | | | |

# Compréhension et expression écrites

**4** **Lisez ce courrier des lecteurs et répondez aux questions.**

Je suis peut-être très conformiste et très étroite d'esprit, mais en regardant à la télé le dernier défilé de Galliano, j'ai vraiment été choquée : je ne comprends pas pourquoi les gens riches s'efforcent de paraître pauvres ; pour être à la mode, il faut surtout porter des vêtements sales et déchirés, qui en plus coûtent une fortune ! Je trouve que cette récupération de la tendance «clochard» par la haute couture est très contradictoire dans une société où on fait tout pour «cacher ses clochards». La pauvreté deviendrait-elle un luxe ?

Anna K., Creil

**1.** Trouvez des mots synonymes de :

vouloir : *S'EFFORCENT*          valoir très cher : *COÛTENT UNE FORTUNE*

**2.** Que reproche cette lectrice à la mode «grunge» ?

**3.** Comment comprenez-vous la dernière phrase ?
*LA SEMBLANCE DE PAUVRETÉ EST TRÈS CHIC POUR LES RICHES*

**5** **Vous répondez à ce courrier des lecteurs pour défendre cette tendance de la haute couture. Utilisez *dénoncer, prestigieux couturiers, issu de, rendre hommage, inventif, œuvre d'art*.**

# Grammaire

**6** **Complétez les phrases avec le pronom possessif qui convient. Attention à la préposition.**

**1.** Louise n'a pas besoin de ses clés ; si tu n'as pas ........................, sers-toi donc ........................ Tu les lui rendras demain.

**2.** — Tes tableaux me font penser à ceux de Cézanne.

— C'est vrai, je me suis inspirée ........................, mais je trouve que ........................ ont quand même une certaine originalité.

**3.** — Tu as vu ? Les voisins ont plein d'arbres fruitiers, comme nous !

— Oui, mais ........................ sont bien plus beaux que ........................ Je suis sûr qu'ils n'auront pas beaucoup de fruits cet été.

**4.** — Bon ! Tu demandes à tes parents s'ils sont d'accord. Moi, je demande ........................ et on se rappelle dans une heure.

**5.** — Si les voisins se plaignent à cause des enfants, parle-leur donc ........................ : il hurle tous les soirs jusqu'à minuit ! Au moins, ........................ sont calmes à cette heure-là !

**6.** — Regarde-toi un peu ! tu énumères toujours mes défauts, mais jamais ........................

**7** **Complétez avec un pronom démonstratif. (+ ci ou là, + pronom relatif ou + «de»).**

**1.** La dernière collection de Gaultier, tu sais, ............................... s'inspire de la Grèce, eh bien, elle a eu beaucoup de succès : Madonna et Catherine Deneuve y étaient.

**2.** Le blanc, c'est le symbole de l'innocence, mais c'est aussi ............................... la paix.

**3.** — De quels papiers parles-tu ?

— De ............................... j'ai déchirés hier ; je crois bien qu'il y avait ma feuille d'impôts avec !

**4.** — Je peux vous proposer ce modèle, en vert.

— Je n'apprécie pas beaucoup ..............................., je préfèrerais plutôt ..............................., il est d'un très beau bleu.

**5.** Je suis content : on m'a proposé un nouveau poste : ............................... responsable technique.

**6.** Je ne te parle pas de la foire de Paris, mais de ............................... Saint-Céré !

**7.** Comment il s'appelle, ............................... a choqué l'Amérique en portant des jeans très serrés, ............................... on a vu dans plein de films ?

**8.** je n'aime pas tellement les parfums de Dior. Je préfère ............................... Guerlain.

**8** **Reliez les phrases avec les pronoms relatifs qui conviennent.**

**1.** Le dernier défilé de Chanel a eu lieu au Grand Palais. Il a eu beaucoup de succès. La verrière du Grand Palais a été complètement restaurée. .........................................................
.........................................................................................................................................

**2.** Imagine un endroit. Il n'y aurait personne à cet endroit-là. Il ferait toujours beau dans cet endroit. Il serait bordé par la mer. ......................................................................................
.........................................................................................................................................

**3.** C'était un solide marin. Il portait, été comme hiver, les mêmes vêtements en toile de coton. Son bateau avait fait trois fois le tour du monde.
.........................................................................................................................................
.........................................................................................................................................

**4.** À un moment, il a commencé à chanter le refrain. Le pianiste a fait une fausse note à ce moment-là. Cette fausse note m'a choquée.

Au moment ........................................................................................................................
.........................................................................................................................................

**5.** Un jour, tu as parlé avec un clochard. Tu te souviens de ce jour-là ? Ce clochard dormait tous les soirs sous le porche de l'immeuble. ..............................................................................
.........................................................................................................................................

**6.** Je préfère aller dans ma chambre. J'y trouverai le calme. J'ai besoin de calme pour travailler.
.........................................................................................................................................
.........................................................................................................................................

# Civilisation

**9** 🎧 **Lisez et écoutez la biographie de ce chanteur français, puis répondez aux questions.**

## JOHNNY HALLYDAY, SOLIDE COMME UN ROCK

À plus de 60 ans, Johnny est l'artiste français de référence, l'artiste avec un grand A. Ses chansons, tout le monde les fredonne, la longévité de sa carrière étonne. Il est le seul à tenir son public et la scène avec la rage dans les yeux et la passion dans la voix. Chacun de ses shows est plein de surprises, de mise en scène. Il se donne à fond pour satisfaire son public, bref il allume le feu.

Anonyme, Johnny Hallyday était Jean-Philippe Smet…

**1.** Retrouvez quelques moments de sa vie :

......... : naissance à Paris

1957 : ...............................................................

......... : sortie du disque *Souvenirs, souvenirs.*

1961 : ...............................................................

1966 : ...............................................................

......... : fait le disque *Sang pour sang* avec son fils David.

......... : concerts au Parc des Princes pour ses 60 ans.

**2.** À quelle nationalité fait penser son nom d'artiste ? ...............................................................

**3.** Qu'a-t-il apporté à la chanson française ?

...............................................................................................................

**4.** Cherchez dans un dictionnaire le sens du nom « un roc » et expliquez le jeu de mots dans le titre. ...............................................................................................

...............................................................................................................

**5.** Entourez les noms des chanteurs ou musiciens avec lesquels Johnny Hallyday a travaillé :

Serge Gainsbourg – Barbara – Jim Morrison – Jimi Hendrix – Jean-Jacques Goldman – Julien Clerc – Isabelle Adjani – Zazie – Michel Berger – Pascal Obispo – Yannick Noah

**6.** Qu'est ce qui est étonnant chez ce chanteur ?

...............................................................................................................

...............................................................................................................

**7.** Y a-t-il un chanteur dans votre pays qui tient la scène depuis 40 ans (ou qui a tenu la scène pendant plus de 40 ans) ? L'appréciez-vous ? Pourquoi ?

...............................................................................................................

...............................................................................................................

Connaissez-vous Johnny Hallyday ? Vous pourrez avoir des informations sur lui et retrouver ses chansons sur les site Internet : www.johnnyhallyday.com et www.musicMe.com.

# En mai, fais ce qu'il te plaît

## Compréhension et expression orales

**1** 🎧 **Écoutez ces différents conseils et complétez le tableau.**

| | 1 | 2 | 3 | 4 |
|---|---|---|---|---|
| thème | LE TABAC | LA CUISINE | LA FAÇON DE S'HABILLER | LE CINEMA |
| expressions pour conseiller | IL FAUT ABSOLUMENT INSCRIVEZ-VOUS IL VAUT MIEX | FAIS GRILLER METS LES | TU DEVRAIS METTRE | JE TE CONSEILLE S'IL Y A UN FILM CROIS-MOI |

**2** **Vous êtes vendeur dans une jardinerie. Un client vient vous demander des renseignements au sujet de l'hibiscus. À partir des indications ci-dessous, répondez-lui et donnez-lui des conseils pour avoir un bel arbuste (petit arbre).**

**Type de plante :**
arbuste à fleurs
vivace (qui vit plus de 2 années)
feuillage persistant (les feuilles restent sur l'arbuste)

**Hauteur :** 4 à 5 mètres
**Période de floraison :** mars à octobre
**Exposition :** lumière, mais pas en plein soleil
**Type de sol :** terreau humide et frais
**Plantation :** rempoter (changer de pot) en mars
**Arrosage :** régulier l'été – rare l'hiver
**Engrais :** tous les 15 jours en période de floraison

**Client :** S'il vous plaît, vous pourriez me donner des renseignements sur cette plante ? J'aimerais bien l'acheter, je la trouve très belle.

**Vendeur :** Bien sûr ! Il s'agit ........................

## Phonétique, rythme et intonation

**3** 🎧 **Imparfait ou conditionnel ? Cochez ce que vous entendez.**

**1.** ☑ je préfèrerais – ☐ je préférais

**2.** ☐ il réparerait – ☑ il réparait

**3.** ☐ elle tirerait – ☑ elle tirait

**4.** ☑ tu respirerais – ☐ tu respirais

**5.** ☑ tu admirerais – ☐ tu admirais

**6.** ☑ ils sépareraient – ☐ ils séparaient

**7.** ☐ je désirerais – ☑ je désirais

**8.** ☑ je comparerais – ☐ je comparais

# Phonie-graphie

**4** **Complétez les mots suivants avec c, que, ou k.** FERRY

UNIVERSITY

La fac. / le lac. / il attaqué un sac. / chaque une claque un bac. / une barque ça craque un anorak / du cognac. / un couac.

WRONG NOTE

# Compréhension et expression écrites

**5** **Lisez le texte suivant puis répondez aux questions.**

*L'arbre, un témoin de l'histoire*

C'est en 1681 que Le Nôtre, le jardinier du roi Louis XIV, planta dans le parc du château de Versailles, le chêne qui deviendra celui de Marie-Antoinette. Il était situé près de l'allée de la Reine, entre le Grand Canal et le Grand Trianon, où Marie-Antoinette habitait quand la famille résidait à Versailles. La reine aimait se reposer sous son feuillage. Il était protégé des gelées de l'hiver et des chaleurs de l'été par un massif de hauts arbres. En 1776, il avait atteint la taille respectable de 35 mètres de hauteur et de 5,5 mètres de circonférence. La tempête de décembre 1999 ravagea le massif. Le chêne resta debout mais il ne supporta pas la chaleur et la sècheresse de la canicule de l'été 2003. L'arbre de 324 ans fut dégagé de sa souche et exposé près des pépinières du Trianon.

**1.** Retrouvez dans le texte les synonymes de :

habiter à : ...................................................................

détruire : ...................................................................

une très forte chaleur : ...................................................................

**2.** À votre avis, «une taille respectable» veut dire «une taille magnifique» ou «une taille importante»? ...................................................................

**3.** Quels sont les lieux du château de Versailles qui sont évoqués dans ce texte? ...................................................................

**4.** Pourquoi a-t-on appelé ce chêne «l'arbre de Marie-Antoinette»? ...................................................................

**5.** Pourquoi cet arbre est-il mort? ...................................................................

**6** **Reliez les contraires.**

1. économiser    E          **a.** solide
2. remplir    G              **b.** interdire
3. permettre    B           **c.** féliciter
   NARROW
4. étroit    F               **d.** menacer
5. reprocher    C            **e.** gaspiller   WASTE
6. protéger    D             **f.** large
7. fragile    A              **g.** vider

**7** **Barrez l'intrus.**

**1.** un endroit – une vue – un coin – un lieu

**2.** sentir – étudier – inspecter – examiner – considérer – regarder
SMELL

**3.** contrôler – mesurer – se rendre compte de – vérifier

**4.** un danger – un risque – un péril – un événement

# Grammaire

**8** **Transformez ces phrases en phrases impersonnelles en utilisant: *il vaut mieux – il y a – il est possible de – il est possible que – il est nécessaire que – il est interdit de.* (Attention aux pronoms personnels et aux modes verbaux).**

**1.** Le ciel est bas, tout gris… Je crois bien qu'il va neiger cette nuit.

.............................................................................................................

**2.** L'endroit est un peu dangereux. Je préférerais que vous rentriez un peu plus tôt.

.............................................................................................................

**3.** Vous avez une solution pour que l'eau s'écoule correctement ?

.............................................................................................................

**4.** Vous n'avez pas le droit de fumer ici ! C'est écrit sur le panneau !

.............................................................................................................

**5.** Dans ce magasin, vous pouvez composer vous-même votre bouquet.

.............................................................................................................

**6.** Tu dois absolument lire la leçon avant de faire l'exercice !

.............................................................................................................

**9** **Transformez les phrases impersonnelles en phrases personnelles ou l'inverse**

**1.** . Beaucoup de nuages apparaissent à l'horizon ; on dirait qu'il va pleuvoir…

.............................................................................................................

**2.** Il semble que ces bacs à fleurs soient usés, c'est dommage, ils étaient beaux !

.............................................................................................................

**3.** C'est vraiment étrange, beaucoup de choses disparaissent dans cette maison…

.............................................................................................................

**4.** Tellement de bêtises se disent à la télé en ce moment que je préfère ne pas la regarder.

.............................................................................................................

**5.** Il se vend beaucoup de bassines en zinc dans ce magasin ; vous devriez aller y jeter un œil.

.............................................................................................................

**10** **Dites le contraire en utilisant l'impératif et un pronom personnel pour remplacer le mot souligné.**

**1.** . Ne privilégie pas toujours ces fleurs-là, achètes-en des différentes.

Si, .........................................................................................................

**2.** Suspends donc le pot de géraniums ici, on le verra bien, tout le monde pourra en profiter.

Non, .......................................................................................................

**3.** Ne téléphone pas à tes parents, envoie-leur plutôt une lettre.

Si, .........................................................................................................

**4.** Compose toi-même ton jardin aromatique ! Ne l'achète pas tout fait !

Non, .......................................................................................................

**5.** Prévois un foulard, il risque d'y avoir un peu de vent.

Non, .......................................................................................................

**11** **Mettez les verbes du récit au passé simple, à l'imparfait ou au plus-que-parfait et vous retrouverez le texte original.**

Au commencement du mois d'août de cette année, Eugénie est assise sur le petit banc de bois où son cousin lui a juré un éternel amour et où elle vient déjeuner quand il fait beau. […] Le soleil éclaire le joli pan de mur tout fendillé, presque en ruines. […] À ce moment-là, le facteur de poste frappe, remet une lettre à madame Cornoiller qui vient au jardin en criant : « Mademoiselle, une lettre ! » Elle la donne à sa maîtresse en lui disant : « C'est-y celle que vous attendez ? »

Ces mots retentissent aussi fortement au cœur d'Eugénie qu'ils retentissent réellement entre les murailles de la cour et du jardin.

« Paris ! C'est de lui ! Il est revenu. »

Eugénie pâlit, garde la lettre pendant un moment. Elle palpite trop vivement pour pouvoir la décacheter et la lire. La grande Nanon reste debout, les deux mains sur les hanches, et la joie semble s'échapper comme une fumée par les crevasses de son brun visage. […]

Eugénie décachette la lettre en tremblant. Il en tombe un mandat sur la maison *madame des Grassins et Corret* de Saumur. Nanon le ramasse.

Honoré de Balzac, *Eugénie Grandet* (1833)

# Civilisation

**12** 🎧 **Regardez la photo, écoutez ce document et répondez aux questions**

## LES JARDINS DE CLAUDE MONET À GIVERNY

**1.** D'où vient le nom d' « impressionnisme » en peinture ?

.................................................................

**2.** Quelle technique caractérise l'impressionnisme ?

.................................................................

**3.** Parmi ces peintres français, lesquels sont des impressionnistes ?

Eugène Delacroix, Édouard Manet, Antoine Watteau, Camille Pissarro, Paul Gauguin, Georges de la Tour, Nicolas Poussin, Paul Cézanne.

**4.** Pourquoi parle-t-on des jardins de Monet et pas du jardin de Monet ?

.................................................................

**5. Vrai ou faux ?**

|  | Vrai | Faux |
|---|---|---|
| a. Monet aime les jardins bien organisés. | ☐ | ☐ |
| b. Monet fait construire un pont chinois dans son jardin d'eau. | ☐ | ☐ |
| c. Les tableaux des Nymphéas ont été peints dans son jardin d'eau. | ☐ | ☐ |
| d. Les tableaux des Nymphéas sont au musée du Louvre. | ☐ | ☐ |
| e. On peut visiter les jardins de Monet. | ☐ | ☐ |

**6.** Y a-t-il eu des peintres impressionnistes dans votre pays ? Lesquels ?

.................................................................

**7.** Aimez-vous les tableaux impressionnistes ? Pourquoi ?

.................................................................

# S.O.S voisins !
# Je vous écoute

## Compréhension et expression orales

**1** 🎧 **Complétez le texte avec les mots que vous entendez.**

— S'il vous plaît !

— Oui ?

— Je vous prie de bien vouloir sortir de la pelouse. Je vous rappelle que vous n'avez pas le droit de vous installer ici pour y faire cuire des ___MERGUEZ___ ! *SPICY SAUSAGE*

— Quoi, c'est ___INTERDIT___ ? C'est écrit où ? Y a pas de panneau ! *SIGN*

— Écoutez, allez vous installer ailleurs. Vous êtes dans un jardin ___PUBLIC___ ici, pas en pleine nature ! *ABÎMÉ DAMAGE*

— Mais on n' ___A DIT___ rien ! On ne ___CAUSE DE PROBLÈMES___ à personne ! En plus on fait aucun ___DÉGÂT___ *DAMAGE* Regardez !... Alors vraiment, je vois pas ce que vous pouvez nous ___REPROCHER___

— Écoutez jeune homme, ce n'est pas moi qui fais les ___LOIS___, je suis là pour les faire appliquer, c'est tout. Alors, maintenant, si vous ne quittez pas immédiatement cette *(RULES/REGULATIONS)* ___PELOUSE___ on va ___RÉGLER___ *"PENALTY"* ça au poste !...

— Mais on embête qui, là ? Vous pouvez me le dire ? Y a plus personne à cette heure-ci ! Tous *BOTHER* les gens sont chez eux !!

— Vous êtes dans un lieu public et vous n'avez pas à y faire un barbecue !

— Ah bon ? C'est écrit où ? Il y a un ___ARRÊTÉ___ ? Il y a une loi qui dit ça ? Vous pouvez *RÉGULATION* me la montrer ?

— Vos ___PAPIERS___ s'il vous plaît !

— Ben voyons !... Ça me ___DÉGOÛTE___ Parlez-moi d'un pays de liberté... on s'installe, *DISGUST* tranquilles, on fait rien de mal, on s'amuse entre copains, eh ben non ! On n'a pas le droit !... J'en ___AI MARRE___ ! Vraiment !
*FED UP*

**2** **Vous êtes un(e) ami(e) de ce jeune homme, vous cherchez à le calmer ; quels conseils lui donnez-vous ?**

_____

_____

_____

# Phonétique, rythme et intonation

**3** 🎧 **Les sons [œ] et [jɸɔ] s'écrivent presque toujours « eu ». Classez les phrases suivantes dans le tableau, puis cherchez la règle de prononciation.**

| | [œ] | [ɸ] |
|---|---|---|
| | | |
| | | |
| | | |
| | | |
| | | |

1. Il reste un œuf ?
2. Comme c'est curieux !
3. Vous pleurez souvent ?
4. C'est un grand rêveur.
5. C'est une bonne bricoleuse.
6. Il peut s'estimer heureux.
7. Il est encore jeune.
8. Mange donc des œufs.
9. Pourquoi il pleure ?
10. Elle est toujours seule ?

**La règle : quand la syllabe qui contient « eu »** ................................................

................................................

................................................

# Expression et compréhension écrites

**4** **Lisez le texte suivant, puis répondez aux questions.**

*Enfin le médiateur est arrivé*

C'est une première à Compiègne. Jusque-là, le médiateur de la République n'avait qu'un seul représentant dans l'Oise, Marie-Thérèse Mercier, qui travaille à Beauvais. Désormais, Michel Delecroix a les mêmes fonctions à Compiègne. « Je ne suis pas là pour régler les problèmes entre les individus. Je n'interviens qu'en cas de litige entre des individus et les services de l'État. J'essaie alors d'établir un contact avec l'administration en question. Mais on ne peut pas réussir à tous les coups. On ne crée pas la loi, des textes s'imposent à nous. »

Michel Delecroix fait désormais partie des 295 délégués du médiateur de la République sur le bureau duquel 51 000 dossiers ont été traités en 2004. « De plus en plus, ils concernent le social. Les gens ont des problèmes au sujet de l'attribution de leur RMI, de leurs retraites ou de leurs allocations familiales. Je tente donc de les régler auprès des administrations concernées. Les litiges avec l'administration des impôts ne manquent pas non plus. Et à Compiègne, on m'a dit qu'il y avait beaucoup de mécontentement au sujet des amendes données suite à des fautes de stationnement, des problèmes de circulation ou de non-respect du code de la route. »

Le nouveau délégué refuse de considérer son travail comme un gadget. Il s'explique : « D'abord on ne pourra pas dire *voilà encore un fonctionnaire de plus*, puisque ce travail est bénévole. Et si je pensais que c'était un gadget, je n'aurais pas été candidat pour devenir délégué. C'est une fonction qui a trouvé sa raison d'être, qui recrée un lien entre les habitants. Son développement est en rapport avec l'évolution sociale et économique du pays. »

R. Lefèvre. *Le Parisien*, 21/06/05

**1.** Trouvez les mots synonymes de :

une personne : ........................................ un problème : ........................................

quelque chose de nouveau et de peu utile : ........................................

un travail qui n'est pas payé : ........................................

**2.** Quel est le rôle du délégué du médiateur de la République ?

........................................

**3.** Pourquoi le médiateur de la République a-t-il besoin d'avoir des délégués ?

........................................

**4.** Combien y a-t-il de délégués dans le département de l'Oise? ...........................................

**5.** Quels sont les principaux litiges entre les individus et l'État dans l'Oise?

..................................................................................................................................

**6.** Est-ce une fonction qui existe depuis très longtemps? Justifiez votre réponse en citant deux phrases du texte. ...............................................................................................

..................................................................................................................................

..................................................................................................................................

**5** Le chien du voisin est revenu faire des dégâts dans votre jardin. Vous écrivez à votre voisin pour lui rappeler qu'il est interdit de laisser son chien vagabonder en liberté dans les lieux publics. Vous le prévenez que vous appellerez la police si vous retrouvez son chien chez vous et vous lui demandez de payer les dégâts. Vous utiliserez les mots suivants: *un arrêté, l'accès, responsable de, anormal, abîmer, estimer, surprendre en flagrant délit, porter plainte, reprocher à.*

..................................................................................................................................

..................................................................................................................................

..................................................................................................................................

# Grammaire

**6** **Complétez avec une expression de cause, de conséquence ou de but.**

**1.** J'ai mis mes plantes dans un endroit bien exposé ..................... elles fleurissent rapidement; mais j'ai oublié de les arroser ..................... elles sont mortes!

**2.** Sylvie s'est acheté un tailleur Chanel ..................... qu'elle n'avait rien à se mettre pour le mariage, mais c'est surtout ..................... elle en rêvait depuis longtemps. ..................... elle a eu raison, il lui va très bien.

**3.** ..................... je n'aime pas les travaux manuels, mais ..................... bricoler, il faut du temps et je n'en ai pas! ..................... je préfère payer quelqu'un ..................... faire les petites réparations, ..................... il n'y en a pas beaucoup: j'habite une maison neuve!

**4.** C'est peut-être ..................... toi que la pelouse est bien tondue, mais c'est surtout ..................... toi que la tondeuse est cassée! Et ..................... tu en achètes une neuve, il va falloir que tu économises!

**7** **Faites une seule phrase en utilisant une expression de but, de cause ou de conséquence comme dans l'exemple:** *le jean a beaucoup de succès: c'est un vêtement pratique; en plus il est solide. Le jean a eu beaucoup de succès parce que c'est un vêtement pratique et qu'il est solide.*

**1.** Fixez-moi un jour; nous nous expliquerons et nous règlerons ce problème à l'amiable.

..................................................................................................................................

**2.** Le tribunal l'a reconnu responsable de l'accident: il devra réparer les dégâts; il aura aussi à payer une amende de 2000 euros. ..............................................................................

**3.** Je vais porter plainte: je me suis fait agresser et en plus je me suis fait voler mon sac!

..................................................................................................................................

**4.** Rentre tous les pots : Les plantes ne gèleront pas ; nous pourrons les ressortir au printemps prochain.

.................................................................................................................................................................

**5.** Pourriez-vous faire les retouches sur mon pantalon pour demain ? Cela fait déjà une semaine que j'attends ; j'en ai besoin pour après-demain.

.................................................................................................................................................................

**6.** Vous n'avez pas beaucoup de preuves : votre marge de manœuvre sera faible et vous aurez peu de chance de gagner votre procès.

.................................................................................................................................................................

# Civilisation

**8** 🎧 **Regardez les photos ci-dessous, puis écoutez le texte. En vous aidant d'un plan de Paris, retrouvez la place de chacun de ces bâtiments sur le plan, puis complétez le tableau.**

## LES LIEUX DU POUVOIR À PARIS

Palais Bourbon

Palais Royal

Palais de l'Élysée

Palais du Luxembourg

Hôtel Matignon

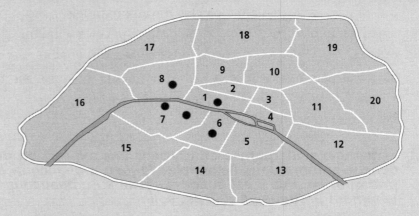

| | bâtiment | date de construction | personnalité(s) politique(s) |
|---|---|---|---|
| 1 | Palais de l'Élysée | 1718 – 1722 | PRESIDENT DE LA RÉPUBLIC. |
| 2 | Hôtel Matignon | 1722 – 1725 | PREMIERE MINISTRE |
| 3 | Palais Bourbon | 1722 – 1728 | L'ASSEMBLÉE NATIONAL |
| 4 | Hôtel de Lassay | 1722   1728 | PRESIDENT DE L'ASSEMBLÉ NATIONAL |
| 5 | Palais du Luxembourg | 16·15 | LE SÉNAT |
| 6 | Palais Royal | 1624 , 1661 | LE CONSEIL D'ÉTAT ET |

LE CONSEIL CONSTITUTIONNEL.

# J'ai peur de l'avoir raté !

## Compréhension et expression orales

**1** 🎧 **Écoutez et répondez aux questions.**

**1.** Cochez la bonne réponse.

Qui parle ?     ☐ un inspecteur     ☑ un moniteur     ☐ un ami

À qui ?     ☐ quelqu'un qui s'inscrit dans une auto-école     ☑ quelqu'un qui passe
son permis     ☑ quelqu'un qui va passer son permis

Il lui donne     ☑ des conseils     ☐ des ordres     ☐ des explications

Pour tourner, il faut mettre     ☑ son clignotant     ☐ son embrayage     ☐ son rétroviseur

Que faut-il faire en entrant sur l'autoroute ?     ☐ ralentir     ☑ accélérer     ☐ s'arrêter

**2.** Quelle est la première chose à faire quand on monte en voiture ?

*METTRE LA CEINTURE DE SÉCURITÉ*

**3.** Qu'est-ce que le candidat oublie parfois de faire ?

*REGARDER DANS LE RÉTROVISEUR.*

**2** **Regardez ce croquis d'un constat amiable d'accident. Vous êtes le conducteur A et vous racontez à un(e) ami(e) votre accident. (le point de choc initial = la partie de la voiture qui a cogné en premier).**

*(Dernière partie d'un constat amiable : voiture A : point de choc initial : pare-choc arrière droit / dégâts apparents : pare-choc légèrement abîmé / mes observations : je quittais un stationnement. J'ai été ébloui(e) par le soleil.*
*Voiture B : point de choc initial : aile avant gauche / dégâts apparents : aile avant gauche très abîmée / mes observations : je roulais sur l'allée du parking)*

—Toi qui conduis si bien ! Alors là, tu m'étonnes… Explique-moi comment ça s'est passé.

— Hier, je sortais du supermarché, je pensais à ce que je voulais faire pour mes invités…

— ...........................................................................................................................

— Et il y a beaucoup de dégâts ? ...........................................................................................

# Phonie-graphie

**3** 🎧 Écoutez les phrases et dites quel son on entend pour la lettre soulignée, puis essayez de trouvez la règle de prononciation.
[b] [d] [g] [z] [ʒ] [v] sont des consonnes sonores
[p] [t] [k] [ʃ] [s] [f] sont les consonnes sourdes correspondantes

**1.** Viens ici tout <u>d</u>e suite. : J'entends ..................

**4.** <u>J</u>e barre quelle lettre ? : J'entends ..................

**2.** Tu as <u>d</u>éjà commencé ? : J'entends ..................

**5.** Tu as une ro<u>b</u>e sale. : J'entends ..................

**3.** <u>J</u>e passe la conduite. : J'entends ..................

**6.** Tu as une ro<u>b</u>e jaune. : J'entends ..................

Quand une consonne sourde suit une consonne sonore, celle-ci ..................

# Compréhension et expression écrites

**4** **Complétez ce dialogue avec les mots de la leçon qui conviennent.**

— Vous avez tous vos .................. ?

— Oui, voilà ma carte d'identité, mon attestation de .................., ma dernière fiche de paye.

— Merci. Alors vous voulez .................. 18 000 € avec des .................. mensuels de 600 €. Avec notre .................. à 0 %, sans .................., vous aurez donc 30 mensualités de 600 € à payer à partir du mois prochain.

— D'accord.

— Je vais vous demander une petite .................. au bas de ce .................. Voilà, merci. Je vous donne cet exemplaire et je garde celui-là.

# Grammaire

**5** **Transposez les phrases suivantes au discours indirect. Attention au temps du verbe introducteur et aux pronoms personnels.**

**1.** « Bonjour. Donnez-moi vos papiers et descendez de votre véhicule, s'il vous plaît. »
Il lui a demandé *DE LUI DONNER LES PAPIERS ET DE DE DESCENDRE DU VÉHICULE*

**2.** « Vous savez à quelle vitesse vous roulez ? Et vous n'avez pas votre ceinture ! Pourquoi ? »
Il m'a demandé *SI JE SAVAIS À QUELLE VITESSE JE ROULAIS ET POURQUOI JE N'AVAIS PAS MA CEINTURE ?* [d'ont have my seat belt ??]

**3.** « Monsieur le ministre, quelles sont les dernières mesures que vous avez prises pour empêcher les excès de vitesse ? »
Je lui ai demandé *QUELLES ÉTAIENT LES DERNIER MESURES QU'IL AVAIT PRISES POUR EMPÉCHER LES EXCÈS DE VITESSE*

**4.** « Qu'est-ce qu'il veut dire, ce panneau ? Tu en as déjà vu un comme ça, toi ? »
Elle voulait savoir *CE QUE VOULAIT DIRE CE PANNEAU ET SI J'EN AVAIS DÉJÀ VU UN COMME ÇA*

**5.** «Pourriez-vous nous faire un devis avant de commencer les réparations?»

Ils lui demandent *S'IL PEUT LEUR FAIRE UN DEVIS AVANT DE COMMENCER LES RÉPARATIONS*

**6.** «Quand est-ce que tu auras le résultat de tes examens? On fêtera ça ensemble? Si tu n'es pas collé bien sûr!...»

Il m'a demandé *QUAND J'AURAIS MES RÉSULTATS D'EXAMEN ET SI ON FÊTERAIT ÇA ENSEMBLE, SI JE NE SUIS PAS COLLÉ BIEN SUR.*

**6** **Complétez avec un verbe au passé du subjonctif ou au passé composé de l'indicatif.**

**1.** Bien que Victor *(arriver)* .................... en retard à son cours de conduite, le moniteur *(accepter)* .................... quand même .................... de le prendre.

**2.** Tu *(faire)* .................... sans doute .................... une grosse bêtise pour que l'inspecteur *(refuser)* .................... de te donner le permis!

**3.** J'ai bien peur que David *(rester)* .................... coincé dans les embouteillages. À la radio, on *(annoncer)* .................... beaucoup de départs pour aujourd'hui. Et bien qu'il *(partir)* .................... tôt, il *(devoir)* .................... rencontrer du monde sur la route. Ou alors, c'est qu'il *(avoir)* .................... un problème.

**4.** Je suis contente que Rachida *(se renseigner)* .................... pour passer son permis, mais surtout qu'elle *(s'inscrire)* .................... à une auto-école.

**5.** Je suis sûr que ta mère *(se faire du souci)* .................... quand elle *(voir)* .................... l'état de ta voiture, bien que nous *(la prévenir)* .................... que tu n'avais rien.

**7** **Complétez les phrases en utilisant « n'importe » avec le mot qui convient.**

**1.** Je suis libre toute la semaine, je peux venir *N'IMPORTE QUAND*

**2.** Moi je ne suis pas comme vous, je ne prends pas *N'IMPORTE QUOI* J'achète seulement les «gariguettes», vous savez les fraises du sud-ouest.

**3.** Ne t'en fais pas, ça peut arriver à *N'IMPORTE QUI* Tout le monde a le droit de se tromper.

**4.** Vous pouvez me dire *N'IMPORTE QUOI*, quand j'ai décidé quelque chose, je ne change pas d'avis.

**5.** Vous avez tout rangé *N'IMPORTE COMMENT*, Maintenant, il n'y a plus qu'à tout refaire!

**6.** Tu vas chez *N'IMPORTE QUEL* bijoutier, il te percera les oreilles.

# Civilisation

**8** **Lisez le texte suivant puis répondez aux questions.**

## UNE VOITURE CULTE

Dès 1938, Pierre Boulanger, le directeur de Citroën réfléchit à la conception d'une voiture capable de remplacer la traction. Mais, à cause de la Seconde Guerre mondiale, son projet ne peut commencer à se réaliser qu'en 1950, sous la direction de l'ingénieur André Lefebvre. Celui-ci veut créer un modèle original, qui emploierait les meilleures technologies de l'époque. Il lance son équipe dans un coûteux programme de recherche. Cette voiture doit être révolutionnaire à tous les niveaux : les matériaux, le confort, la forme, l'insonorisation, le freinage, les vitres…

En 1955, quand la DS 19 est présentée pour la première fois au public, c'est l'émeute : dans les allées du 42e salon de l'auto, les gens n'ont d'yeux que pour la nouvelle Citroën. Il y a 12 000 commandes dès le premier jour !

Même si le modèle présenté manque de mise au point et coûte très cher, la DS va connaître une extraordinaire carrière. Les hommes d'État, artistes, acteurs, plébiscitent cette auto confortable et rapide. Elle sera modifiée par de grands couturiers de l'automobile. La DS connaîtra également la consécration sportive : aux mains des plus grands pilotes de rallye du moment, elle remportera de nombreuses compétitions.

Comme toutes les belles histoires, son histoire se termine un jour, le 24/04/1975. Après 1 455 746 modèles fabriqués, la dernière DS, la 23 Pallas à injection électronique, sort de l'usine. Cependant, dans le souvenir des gens, elle est devenue presque un mythe : c'est grâce à la qualité de sa tenue de route[1] que Charles de Gaulle lui doit la vie lors de l'attentat du Petit-Clamart en 1962 : avec deux pneus crevés, sur une mauvaise route mouillée et tout en prenant de la vitesse, toute autre voiture de l'époque, dans les mêmes circonstances, serait sûrement partie en tête-à-queue[2]. La DS apparaît aussi dans de nombreux films ; des films français bien sûr comme *Les Aventures de Rabbi Jacob* avec Louis de Funès ou *Les Valseuses* avec Gérard Depardieu ; mais aussi des films étrangers comme *Scarface* (où le personnage joué par Al Pacino refuse de mettre le feu à une DS traversant New York) ou encore *Retour vers le futur II* (où la DS est employée comme taxi du futur.)

1. La façon dont la voiture reste bien sur la route. — 2. Quand une voiture se retourne et que l'avant se retrouve à l'arrière.

**1.** Trouvez des expressions synonymes de :

un grand rassemblement de personnes en colère : ............................................

ne regarder que quelque chose : ................................ la gloire, la célébrité : ................................

choisir massivement quelque chose : ................................

**2.** La DS est une voiture de quelle marque ? ................................

**3.** Quelles sont les qualités de la DS ? ................................
................................

**4.** Quel a été le dernier modèle de D.S. ? ................................

**5.** Relisez le dernier paragraphe et expliquez la phrase : «elle est devenue presque un mythe».................................
................................

**6.** Quelles sont les voitures célèbres dans votre pays ? Pourquoi ?
................................

# Antarctica

## Compréhension et expression orales

**1** 🎧 Écoutez la présentation de ces deux explorateurs français de l'Antarctique puis répondez aux questions.

**1.** Qui a découvert l'Antarctique ? Jules Dumont d'Urville ou Jean-Baptiste Charcot ?

....................................................................................................................

**2.** Quand a-t-il été découvert ? ...............................................................................

**3.** Pourquoi l'Antarctique s'est d'abord appelé Terre Adélie ?

....................................................................................................................

**4.** Quand et comment est mort Jules Dumont d'Urville ?

....................................................................................................................

**5.** Quelles sont les dates de naissance et de mort de Jean-Baptiste Charcot ? ...............

**6.** Quelle est la première formation de Jean-Baptiste Charcot ? ..................................

**7.** En quelle année Charcot fait-il sa première expédition en Antarctique ? ...................

**8.** Qu'a permis cette expédition ? ...........................................................................

**9.** Comment est-il mort ? .......................................................................................

**2** Vous expliquez à un enfant les causes principales du réchauffement de la terre et les conséquences visibles dans l'Arctique. Utilisez les mots suivants : *réduit(e), les progrès, jouer un rôle, l'environnement, l'enjeu* et aidez-vous des croquis ci-dessous.

Pourquoi la terre se réchauffe ?

Il y a deux grandes raisons : ...................................................

..................................................................................................

..................................................................................................

..................................................................................................

..................................................................................................

# Phonie-graphie

**3** 🎧 **Classez les mots suivants selon qu'on entend [o] ou [ɔ], puis trouvez la règle de prononciation.**

un bateau – le nord – le muséum – un numéro – original –
le vôtre – votre – je colle – nous collons – nos manteaux –
il est fort – c'est faux – il ose – le dos

| J'entends [o] | J'entends [ɔ] |
|---|---|
| ............... | ............... |
| ............... | ............... |
| ............... | ............... |
| ............... | ............... |
| ............... | ............... |

On entend le son [ɔ] quand la syllabe .....................................

..................................................................................................

# Compréhension et expression écrites

**4** **Trouvez les noms qui correspondent aux adjectifs suivants ; ce sont tous des noms féminins qui ont la même terminaison.**

fragile ............................................    méchant ............................................

anormal ..........................................    facile ..............................................

nerveux ..........................................    responsable .....................................

timide ............................................    curieux ...........................................

humide ...........................................    agressif ...........................................

**5** **Récrivez les phrases en remplaçant les expressions soulignées par des mots de la leçon.**

**1.** Je suis <u>sûr</u> que l'avenir de notre planète <u>dépend de</u> l'attention qu'on porte à <u>ce qui nous entoure</u>.

..................................................................................................

**2.** <u>Le fait d'avoir trouvé</u> l'ADN a permis d'énormes <u>améliorations</u> dans le domaine médical, mais il est encore difficile d'en mesurer <u>les conséquences</u> d'un point de vue social.

..................................................................................................

..................................................................................................

**3.** Certains accords passés entre les différents pays <u>constituent</u> de nombreux <u>textes de loi</u>.

..................................................................................................

**4.** Dans ce quartier, les gens n'osent pas sortir le soir <u>parce qu'ils ont peur de</u> se faire <u>attaquer</u>.

..................................................................................................

..................................................................................................

# Grammaire

**6** **Transformez les phrases pour exprimer la cause avec un participe présent.**

**1.** Vous êtes obligés de respecter ce contrat parce que vous l'avez signé.

.................................................................................

**2.** Céline ne souhaite pas partir en Antarctique à cause des conditions de vie difficiles.

.................................................................................

**3.** On a réduit la photo si bien qu'elle tient sur la page.

.................................................................................

**4.** Tu as mouillé ce devis de sorte qu'il est complètement illisible.

.................................................................................

**7** **Transformez les phrases pour exprimer le but ou la conséquence en utilisant « de sorte que » (+ indicatif ou subjonctif selon le cas.)**

**1.** Pour avoir oublié de mettre sa ceinture, il a eu une amende.

.................................................................................

**2.** Pour ralentir le réchauffement de la planète, il faut réduire les gaz à effet de serre.

.................................................................................

**3.** Pour ma conclusion ratée, il m'a retiré deux points.

.................................................................................

**4.** Pour un bon arrosage des plantes, il vaut mieux utiliser le système du «goutte-à-goutte».

.................................................................................

**8** **Transformez les phrases pour exprimer la conséquence au moyen de « si...que » ou « tellement...que » (les deux moyens sont possibles).**

**1.** Comme Noémie était très nerveuse, elle a oublié de mettre son clignotant quand elle a doublé.

.................................................................................

**2.** Je n'ai vraiment pas envie d'aller dehors d'autant qu'il fait un froid de canard !

.................................................................................

**3.** À force d'être violent quand tu joues au foot, personne ne veut plus de toi dans son équipe.

.................................................................................

**4.** Il était vraiment intéressant, cet exposé ! Je n'ai pas vu l'heure passer !

.................................................................................

**9** **Remettez les phrases en ordre.**

**1.** métallique / immense / tour / est / la / bâtiment / Eiffel / un

.................................................................................

**2.** se souvient / populaire /de / le monde / encore / acteur / extraordinaire / cet / tout

.................................................................................

**3.** a / présidentiel / interminable/ n'/ au / plu / discours / pas / public / son

.................................................................................

**4.** quotidiennes /nous / ce / avons / avec / travail / difficultés / énormes / d' / fini

.................................................................................

# Civilisation

**10** **Lisez le texte suivant puis répondez aux questions.**

## LES COMPORTEMENTS QUOTIDIENS DES FRANÇAIS VIS-À-VIS DE L'ENVIRONNEMENT

Les pratiques environnementales s'installent de plus en plus dans la vie quotidienne des Français. Le tri des déchets figure parmi les gestes les plus couramment adoptés : 3 familles sur 4 affirment trier régulièrement leurs déchets (verre, piles, papier, emballages). Éteindre le bouton de veille de la télévision ou apporter un sac pour faire ses courses sont des gestes assez répandus. Beaucoup de gens font maintenant attention à leur consommation d'électricité ou d'eau.

En revanche, peu de familles achètent des produits biologiques ou des ampoules basse consommation pour leurs lampes, sûrement parce que ces produits sont encore chers.

L'Institut français de l'environnement distingue 4 classes d'opinions :

– Les individus qui ne se sentent pas concernés par l'environnement ; ils déclarent ne pas agir en sa faveur si cela leur prend du temps ou leur coûte de l'argent. Ils sont plutôt jeunes (moins de 30 ans), célibataires, étudiants ou chômeurs avec de faibles revenus et en général, vivent en ville.

– Les individus attentifs à l'environnement mais qui s'impliquent peu à son égard. Ils estiment que nos comportements ne sont pas bons pour l'environnement mais ne font pas « ce qui est bon pour l'environnement, même si cela leur prend plus de temps ». Ce sont à peu près les mêmes individus que ceux de la classe précédente.

– Les individus impliqués dans l'environnement. Ils agissent pour le protéger et ils en discutent à la maison. Il s'agit le plus souvent de gens mariés, aux revenus assez élevés, propriétaires de leur logement dans les petites villes ou à la campagne.

– Les individus très engagés. Ils agissent pour l'environnement quelles que soient les contraintes de temps ou d'argent. Ces individus sont plus âgés que la moyenne, mariés et le plus souvent à la retraite. Ils sont très souvent propriétaires de leur logement dont la surface est importante.

**1.** Retrouvez des expressions synonymes de :

des gestes habituels : .......................................................................................................................

ne pas être intéressé par l'environnement : ...............................................................................

les gens actifs pour l'environnement : .........................................................................................

**2.** Quels gestes les Français font-ils maintenant assez souvent pour l'environnement ?

.......................................................................................................................................................

**3.** D'après cette enquête, qui sont les gens les moins concernés par l'environnement ?

.......................................................................................................................................................

**4.** D'après vous, pourquoi les gens propriétaires de leur logement se sentent-ils plus impliqués dans l'environnement ?

.......................................................................................................................................................

**5.** Chez vous, quelles mesures ont été prises pour protéger l'environnement ? Sont-elles bien respectées ?

.......................................................................................................................................................

.......................................................................................................................................................

.......................................................................................................................................................

.......................................................................................................................................................

# Allons, enfants de la patrie

## Compréhension et expression orales

**1** 🎧 **Écoutez le dialogue et répondez aux questions.**

**1.** Pourquoi la dame téléphone à l'office de tourisme de Paris?

..........................................................................................................................................

..........................................................................................................................................

**2.** Complétez les informations suivantes :

|  | lieu | date et horaire |
|---|---|---|
| bal du 14 Juillet | | |
| défilé du 14 Juillet | | |
| feu d'artifice du 14 Juillet | | |

**3.** Il faut payer pour aller au bal du 14 Juillet? ...............................................................

**4.** Pourquoi vaut-il mieux arriver sur les Champs-Élysées avant 9 h 30 le 14 juillet?

..........................................................................................................................................

**2** **Expliquez à un(e) ami(e) ce que symbolisent les trois couleurs du drapeau français. (Essayez de ne pas regarder le texte de la leçon).**

Le drapeau bleu-blanc-rouge, il date de 1794 .............................................................

..........................................................................................................................................

..........................................................................................................................................

## Compréhension et expression écrites

**3** **Lisez le texte suivant et répondez aux questions.**

Le 14 juillet, c'est aujourd'hui dans l'esprit des Français et aussi des étrangers, le défilé militaire le plus solennel, sur les Champs-Élysées, en présence du chef de l'État. C'est aussi une fête populaire avec ses bals, ses feux d'artifice dans les communes de France. Mais le 14 Juillet, c'est surtout la fête républicaine, symbole de la fin de la monarchie, de la naissance de la République.

Le 14 juillet 1789, les Parisiens, armés, décidèrent de marcher jusqu'à la Bastille, prison d'État, qui symbolisait le pouvoir de la royauté. Quelques personnes réussirent à entrer dans la cour de la prison. La foule les suivit. Des gardes tirèrent des coups de feu du haut des tours et le combat s'engagea. Quelques heures après, le chef de la Bastille se rendit[1]. La foule le mit à mort. 7 prisonniers furent libérés. La prise de la Bastille fut très vite un symbole historique : c'était la preuve que le pouvoir du roi n'était plus total.

C'est le 31 janvier 1879 que le 14 Juillet fut déclaré Fête nationale par Gambetta, ministre de l'Intérieur lors de la troisième République. La prise de la Bastille symbolise pour tous les français la liberté, la lutte contre toutes les formes de dépendance.

1. Se rendre : dire qu'on a perdu.

**1.** Retrouvez dans le texte des expressions synonymes de :

le président : ............................................... le gouvernement d'un roi : ...............................

tuer quelqu'un : ...............................

**2.** Pourquoi les Parisiens ont-ils décidé de libérer les prisonniers de la Bastille le 14 juillet 1789 ? ...........................................................................................

**3.** Quel est le nom qu'on donne à ce moment historique ? ...............................

**4.** Quand le 14 juillet est-il devenu Fête nationale en France ? Grâce à qui ?
...........................................................................................

**4** **Décrivez le tableau de Delacroix : « La Liberté guidant le Peuple »** (voir aussi p. 50, livre de l'élève). **Utilisez les expressions suivantes :** *un geste, un drapeau, la patrie, évoquer, craindre.*

Au premier plan, ...............................................................................

...........................................................................................

Au milieu du tableau, .........................................................................

...........................................................................................

À l'arrière-plan, ...............................................................................

Autoportrait
de Delacroix

Tours de Notre-Dame

# Grammaire

**5** **Répondez aux questions en utilisant les négations qui conviennent.**

**1.** Quelqu'un t'a déjà parlé de la Révolution française ?

Non, .......................................................................................................

**2.** Et après son accident, il a encore fait des projets de voyages ?

Non, .......................................................................................................

**3.** Quand je suis partie, quelqu'un a-t-il encore précisé quelque chose ?

Non, .......................................................................................................

**4.** Tu prévois toujours quelque chose pour samedi ?

Non, .......................................................................................................

**5.** Pourquoi tu agresses toujours les gens quand tu parles ?

Mais, je ..................................................................................................

**6** **Donnez l'infinitif, le mode, le temps et la valeur des verbes soulignés dans cette fable de Jean de La Fontaine.**

*Le Coq et le Renard.*
Sur la branche d'un arbre <u>était</u> en sentinelle ........................................
Un vieux coq adroit et matois[1].
«Frère, <u>dit</u> un renard, adoucissant sa voix, ........................................
Nous ne sommes plus en querelle :
Paix générale cette fois. ........................................
Je <u>viens</u> te l'annoncer ; descends que je t'<u>embrasse</u>. ........................................
Ne me <u>retarde</u> point, de grâce : ........................................
Je dois faire aujourd'hui vingt postes sans manquer.
Les tiens et toi pouvez vaquer,
Sans nulle crainte, à vos affaires ;
Nous vous y <u>servirons</u> en frères. ........................................

Ami, <u>reprit</u> le coq, je ne <u>pouvais</u> jamais ........................................
Apprendre une plus douce nouvelle, ........................................
Que celle
De cette paix.
Et ce m'est une double joie
De la tenir de toi. Je <u>vois</u> deux lévriers[2] ........................................
Qui, je m'assure, sont courriers
Que pour ce sujet on envoie.
Ils vont vite et <u>seront</u> dans un moment à nous. ........................................
Je descends. Nous pourrons nous entrebaiser tous.
Adieu, dit le renard, ma traite est longue à faire ;
Nous nous réjouirons du succès de l'affaire
Une autre fois. «Le galant aussitôt
<u>Tire</u> ses grègues, <u>gagne</u> au haut[3], ........................................
Malcontent de son stratagème ; ........................................
Et notre vieux coq en soi-même
<u>Se mit à rire</u> de sa peur : ........................................
Car c'<u>est</u> double plaisir de tromper le trompeur. ........................................

La Fontaine, *Fables Livre II* (1678-1679)

1. Malin. – 2. Un chien de course. – 3. Le renard s'en va.

# Civilisation

**7** **Lisez le texte et répondez aux questions.**

## POURQUOI LA Vᵉ RÉPUBLIQUE ?

La France vit sous la Vᵉ République depuis 1958. Qu'en est-il des quatre Républiques précédentes ? Comment sont-elles nées, comment sont-elles « mortes » ?

La première République, déclarée en 1792 après la mort de Louis XVI, connaîtra 4 types de gouvernements : La Convention de 1792 à 1795. De 1793 à 1794, le Comité de Salut Public, composé de 14 membres dont Saint-Just, Danton, Robespierre, fera régner la Terreur : 40 000 personnes seront guillotinées, fusillées ou noyées. Après le Directoire et le Consulat, Napoléon Bonaparte organise un coup d'État en 1802, se fait nommer consul à vie, puis empereur en 1804. C'est la fin de la première République.

En 1815, après de nombreuses défaites, Napoléon Iᵉʳ est exilé sur l'île d'Elbe et les Bourbons reviennent sur le trône. Trois rois se succèdent de 1815 à 1848 : Louis XVIII, Charles X et Louis-Philippe. C'est la Restauration.

De 1846 à 1848, les mauvaises récoltes, le chômage et la diminution des salaires dans les usines font naître la colère. Le 22 février 1848, un banquet républicain est interdit à Paris. C'est l'émeute… Et le début de la deuxième République. Le 10 décembre 1848, Louis Napoléon Bonaparte, neveu de Napoléon Iᵉʳ, est élu président de la République.

Le 2 décembre 1852, il fait un coup d'État et rétablit l'empire. Il devient Napoléon III.

Mais en septembre 1870, la défaite de la guerre contre la Prusse marque la fin du second Empire et le début de la IIIᵉ République qui sera remplacée en 1940 par le gouvernement de Vichy, suite à la défaite de la France contre l'Allemagne. Elle aura apporté de grands progrès sociaux : la gratuité de l'enseignement, les 40 heures de travail hebdomadaire, les congés payés.

La IVᵉ République commence avec le gouvernement provisoire du général de Gaulle en 1944. Cette République, qui a vu 24 gouvernements en 12 ans (le moins long : 1 mois, le plus long : 16 mois) a laissé un mauvais souvenir bien que les acquis sociaux aient été importants : droit de vote pour les femmes en 1945, Sécurité sociale, SMIG, commission européenne. En 1858, le président, René Coty, fait appel au général de Gaulle pour trouver des solutions aux problèmes coloniaux.

Ce dernier obtient les pleins pouvoirs et élabore une nouvelle constitution : le Premier ministre dirige la France mais le Président dirige l'action et a des domaines réservés : politique étrangère, armée… Charles de Gaulle est élu président en décembre 1958. Quatre présidents lui ont succédé depuis : Georges Pompidou, de 1969 à 1974, Valéry Giscard d'Estaing de 1974 à 1981, François Mitterrand de 1981 à 1995. Enfin Jacques Chirac depuis 1995.

**1.** Quelles sont les dates des quatre premières Républiques ?

1ʳᵉ République : de .............. à ..............        2ᵉ République : de.............. à ..............

3ᵉ République : de .............. à ..............        4ᵉ République : de .............. à ..............

**2.** Pourquoi les fins des deux premières Républiques sont-elles comparables ?

...................................................................................................................................

**3.** Quel évènement met fin à la 3ᵉ République ?

...................................................................................................................................

**4.** Quels sont les acquis sociaux de la 3ᵉ République ?

...................................................................................................................................

**5.** À votre avis, pourquoi la 4ᵉ République a-t-elle laissé un mauvais souvenir ?

...................................................................................................................................

**6.** Pourquoi y a-t-il eu une 5ᵉ République ?

...................................................................................................................................

**7.** Et dans votre pays, quels gouvernements se sont succédé ?

...................................................................................................................................

# Une région, une maison

## Compréhension et expression orales

**1** 🎧 **Écoutez cette conversation téléphonique et répondez aux questions.**

**1.** Pourquoi monsieur Stanko téléphone-t-il à madame Sartout ?

......................................................................................................

**2. Vrai ou faux ?**

|  | V | F |
|---|---|---|
| **a.** C'est une maison neuve. | ❑ | ❑ |
| **b.** Il y a quatre pièces au rez-de-chaussée. | ❑ | ❑ |
| **c.** Le toit n'est pas en très bon état. | ❑ | ❑ |
| **d.** Madame Sartout a prévu de dépenser 265 000 euros. | ❑ | ❑ |
| **e.** Pour madame Sartout, Foulangue n'est pas trop loin de Creil. | ❑ | ❑ |

**3.** Quels sont les arguments de monsieur Stanko pour convaincre madame Sartout ?

......................................................................................................

......................................................................................................

**2** **Monsieur et madame Sartout ont visité la maison. Madame Sartout est prête à l'acheter et cherche à persuader son mari qu'ils peuvent le faire. Faites-la parler en utilisant les expressions suivantes :** *courir les agences, battre la campagne, le charme, la façade, le mobilier, estimer que, des remboursements, emprunter.*

**Aidez-vous de ces informations :** cela fait presque 8 mois qu'ils cherchent une maison, celle-ci n'est pas trop loin de leur lieu de travail, ils ont de bons salaires, ils n'auront pas besoin de racheter de meubles, le devis pour la réparation du toit s'élève à 23 500 €.

— Tu sais, Antoine, ça fait 8 mois que ........................

## Phonétique, rythme et intonation

**3** 🎧 **Soulignez la phrase que vous entendez.**

**1. a.** Ce qu'elle peut être laide, celle-là !      **b.** Ce qu'elle peut être raide, celle-là !

**2. a.** Alors, tu as acheté le riz cette fois-ci ?      **b.** Alors, tu as acheté le lit cette fois ?

**3. a.** J'ai entendu un craquement, pas toi ?      **b.** J'ai entendu un claquement, pas toi ?

**4. a.** Il flotte bien mieux qu'avant !      **b.** Il frotte bien mieux qu'avant !

**5. a.** Tu vas au bal, toi, ce soir ?      **b.** Tu vas au bar, toi, ce soir ?

**6. a.** Décore ces affiches, s'il te plaît.      **b.** Décolle ces affiches, s'il te plaît.

**4** Rédigez un court tract publicitaire pour l'entreprise « Un toit bien à moi » (3, rue du Chapitre, 25415 Besançon cedex. Tel : 03 45 42 83 15) qui construit des pavillons à la périphérie des villages. Utilisez les expressions suivantes : *se mettre au vert, calme, le charme, désormais, un renseignement, une équipe, à l'appui de, un savoir-faire.*

.............................................................................................................................................

.............................................................................................................................................

.............................................................................................................................................

.............................................................................................................................................

.............................................................................................................................................

.............................................................................................................................................

# Grammaire

**5** Reliez les deux phrases en utilisant le relatif composé *lequel* ou le relatif *dont*.

**1.** Il y a 25 ans que j'ai planté ce tilleul. Je me mets toujours à l'ombre de cet arbre quand le soleil tape dur.

.............................................................................................................................................

**2.** C'est un projet passionnant. Muriel a besoin de ta participation pour ce projet.

.............................................................................................................................................

**3.** J'aimerais connaître les résultats de tes examens. Tu n'en as informé que Cécile.

.............................................................................................................................................

**4.** Les voisins de droite sont charmants. Alex leur a emprunté la tondeuse.

.............................................................................................................................................

**5.** Arthur est un homme très astucieux. Son savoir-faire est irremplaçable.

.............................................................................................................................................

**6.** Le stade a été remplacé par des immeubles. Avant, j'allais y courir trois fois par semaine.

.............................................................................................................................................

**6** Dans les phrases suivantes, dites si *comme* exprime le temps, la cause ou la comparaison.

**1.** Comme l'auditeur ne répondait pas, l'animateur en a interrogé un autre.

.............................................................................................................................................

**2.** Il parle de la nature comme un poète en parlerait. .................................................................

**3.** Comme Théo sortait du métro, il aperçut une foule massée autour du cinéma

.............................................................................................................................................

**4.** Comme disait ma grand-mère, c'est mon affaire… Pas la tienne ! .......................................

.............................................................................................................................................

**5.** C'est une façade comme je les aime, recouverte de plantes grimpantes. .............................

**6.** Comme elle ne part pas avec nous, c'est inutile d'informer Claire de nos projets

**7** **Complétez avec l'expression de comparaison qui convient.**

**1.** Ton dessin est grand ............................ un timbre-poste ! Comment veux-tu qu'on voie quelque chose ?

**2.** Valentin a compris en deux minutes ! Il est bien ................. astucieux ................. Sébastien, à qui il a bien fallu cinq minutes !

**3.** Je crains l'avion ........................................ le bateau ; les deux me font très peur.

**4.** Tu t'étonnes que Romain ressemble tellement à son père ? Tu as oublié le proverbe ?
........................ père, ........................ fils !

**5.** Regarde comment Lucas s'approche des chiens maintenant. Il les craint bien ........................ avant !

**6.** Je ne vois pas la différence ; pour moi il y a ........................ fraîcheur ici ........................ là.

**8** **Accordez le verbe si c'est nécessaire.**

**1.** Peu de journaux informe ........... leurs lecteurs de façon objective. **2.** Une quinzaine de jeunes forme ........... l'équipe. **3.** Tout le monde attend ........... que le spectacle commence. **4.** Un grand nombre d'auditeurs écoute ........... cette émission. **5.** La plupart des Français préfère ........... acheter une maison plutôt que la louer. **6.** La plupart de notre clientèle estime ........... que notre magasin est bien indiqué. **7.** Chacun de ces tableaux évoque ........... un paysage particulier. **8.** Environ 10 % des Français possède ........... en plus de leur habitation principale, une résidence secondaire.

L'un des plus beaux villages de France : Collonges-la-Rouge (Corrèze)

# Civilisation

**9** **Lisez le texte puis répondez aux questions.**

## LES CITÉS RADIEUSES DE LE CORBUSIER

Pionnier de l'architecture du XXᵉ siècle, Le Corbusier définit, dès 1927, 5 éléments pour une architecture moderne : les *pilotis* qui permettent de libérer le rez-de-chaussée ; le *plan libre*, où les colonnes de béton permettent d'aménager librement les murs intérieurs ; la *fenêtre en longueur*, qui augmente la luminosité des pièces ; la *façade libre*, sans murs porteurs ; le *toit-jardin*, offrant une surface libre accessible à l'air, à la lumière et au soleil.

Commandée en 1945 par le ministre de la Reconstruction Raoul Dautry, surnommée la maison du «fada»[1] par les Marseillais lors de son inauguration en 1952, la cité radieuse de Marseille est le modèle d'un nouveau type d'habitat social : bâti selon les principes de la verticalité (la ville horizontale utilise trop d'espace) et du «Modulor» (un système de mesures d'intérieurs d'immeubles créé par l'architecte et fondé sur les mesures d'un corps humain de 1, 83 m bras croisés et 2, 26 m bras levés), c'est un immeuble de 137 m de long, 24 m de large, 56 m de haut, construit dans un parc de verdure et composé de 337 appartements sur deux étages avec terrasse et baie vitrée. Un soin particulier est porté à l'insonorisation[1]. Sur le toit, un gymnase, un théâtre en plein ciel, une piscine et une école maternelle. Dans les étages, plusieurs commerces, un hôtel restaurant.

55 000 tonnes de béton reposent sur 34 colonnes de béton…

1. Un fou. – 2. Le fait de rendre plus silencieux un logement

**1.** Associez un des principes d'architecture moderne de Le Corbusier à une photo de la cité radieuse de Marseille.

**2.** L'adjectif «radieux» signifie «brillant» mais aussi «heureux, ravi». Quel sens lui donnez-vous dans l'expression «la cité radieuse»?

................................................................

................................................................

**3.** Au départ, pour quelle population a été construite «la cité radieuse»?

................................................................

**4.** En construisant la cité radieuse, Le Corbusier avait pour objectif de «fournir dans le silence, la solitude et face au soleil, à l'espace, à la verdure, un logis qui soit le réceptacle parfait d'une famille.» (un réceptacle est un lieu qui contient quelque chose). Avec la cité radieuse de Marseille, en quoi a-t-il réalisé ces objectifs?

................................................................

................................................................

**5.** Quel matériau est principalement utilisé par Le Corbusier dans ses constructions? Était-il moderne ou ancien à l'époque de l'architecte?

# Les Français sont comme ci, comme ça

## Compréhension et expression orales

**1** 🎧 **Écoutez ce témoignage et répondez aux questions.**

**1.** Quelle est la nationalité de celui qui parle ? Où vit-il et depuis combien de temps ? (Justifiez votre réponse) .................................................................................................................

**2.** De quoi le couple de Français a-t-il parlé lors du repas ? De quelle façon ?

.................................................................................................................................................

**3.** Que leur reproche celui qui parle ? .........................................................................................

.................................................................................................................................................

**4.** Quelles habitudes françaises le témoin critique-t-il ?

.................................................................................................................................................

.................................................................................................................................................

**5.** Complétez les phrases suivantes avec les mots que vous avez entendus (vous pouvez réécouter le témoignage)

**a.** Ce couple français s'est mis à parler de politique québécoise ........................................... ................................................ d'indépendance.

**b.** À aucun moment ils n'ont eu l'air de ......................................................... Surtout à l'égard de ................................................................................. récemment.

**c.** Le plus fou, c'est que cela ............................................................. lorsque je suis arrivé au Québec.

**d.** On veut parler de tout et ...................................................................................................

et cela sans ..............................................................

**2** **Vous cherchez à convaincre un(e) ami(e) qui n'est jamais content(e) de son sort, qu'il (elle) devrait changer d'attitude. Vous le/la comparez à un(e) autre ami(e) qui, lui (elle), est content(e) de son sort. Essayez d'utiliser toutes les expressions suivantes :** *ne pas en revenir, ne pas être content de son sort, avoir beau, un logement, la nourriture, la santé, se plaindre, à tout bout de champ, c'est vrai que… mais, passionnant, faible, un projet, se soucier de, spontané, rire, profiter de, confiance.*

Je n'en reviens pas : ................................................................................................................

.................................................................................................................................................

.................................................................................................................................................

.................................................................................................................................................

.................................................................................................................................................

# Compréhension et expression écrites

**3** **Lisez cet extrait d'interview et répondez aux questions.**

— *Être noir en France, qu'est-ce que cela signifie pour vous?*

— Et être blanc en France, vous savez, vous, ce que cela signifie? Je pourrais vous répondre aussi : je suis Lilian Thuram et je n'ai pas de couleur! Ce que je veux dire, c'est que je ne me vis pas forcément comme noir. Je suis Lilian Thuram, un homme de 34 ans, père de famille, footballeur français, vivant à Turin… En revanche, je sais que je suis noir par le regard de l'autre. Ma «célébrité» m'évite le plus souvent certains désagréments. Mais quand on ne me reconnaît pas… L'autre jour, à Paris, j'avais rendez-vous dans un restaurant. Le maître d'hôtel ne voulait pas me laisser entrer. Parce que je suis noir? Je n'en suis pas sûr, mais j'ai un doute. […]

— *La France n'aime pas les Noirs?*

— Trois jeunes Noirs font les cons[1] dans un jardin public. Qu'entend-on? « Ah, ouais, les Noirs…». Par contre, quand trois jeunes Blancs font les cons dans un parc, que dit-on? «Ah, les petits cons…». Il y a des préjugés qui sont figés depuis des siècles. Ça n'empêche pas de vivre. Quand je suis arrivé dans l'Hexagone, à 8 ans, j'ai vécu dans une cité mélangée, avec des gens de toutes origines. Je n'ai pas grandi comme une victime du racisme. Mais le poids des préjugés existait. Existe toujours l'idée qu'un Noir, au fond, n'est pas vraiment français par exemple… J'ai quand même entendu ça dans la bouche d'un ami…

1. Qui font des bêtises (argot).

*Le Nouvel Observateur*, avril 2006.
Interview de C. Askolovitch et de M. F. Etchegoin

**1.** Retrouvez dans le texte des synonymes de :

une chose désagréable : .................................. une opinion qui n'est pas vérifiée : ..................................

**2.** Donnez des précisions sur la personne interviewée.

..................................................................................................

..................................................................................................

**3.** Quelles phrases montrent que, selon Lilian Thuram, vivre en France en étant noir n'est pas toujours facile?

..................................................................................................

..................................................................................................

**4.** Soulignez toutes les expressions d'opposition dans cette interview.

# Grammaire

**4** **Complétez avec *comme*, *comme* + préposition ou conjonction de temps ou *comme si*.**

**1.** Ah! Ce n'est plus .................................. avant, .................................. j'étais jeune.

**2.** — Ah non Nora ! Tu ne vas pas faire avec moi .................................. Manon hier : tu t'approches .................................. me dire un secret et puis au dernier moment, tu vas me souffler dans l'oreille, je le vois dans tes yeux ! Je te connais .................................. je t'avais faite!

**3.** À cet instant, Djamel eut peur .................................. il n'avait jamais eu peur auparavant. C'était .................................. un cauchemar. Il ne pouvait plus bouger .................................. tout son corps était soudain paralysé.

4. — ..................... habitude, tu ne me laisses jamais vivre ..................... je veux !

— Je te précise simplement qu'ici, ce n'est pas ..................... l'hôtel ! Il faut faire son lit le matin, débarrasser la table quand tu as fini de déjeuner et te soucier un peu plus des autres ! C'est tout ce que je te demande. Ce n'est quand même pas ..................... je te demandais la lune !

5. « Entre, sois le bienvenu ! Tu es ici ..................... toi. »
C'est avec ces mots qu'Esteban fut accueilli par ses nouveaux amis. Il n'en revenait pas ; il était ..................... un rêve. Était-il possible que d'emblée, on lui offre ainsi l'hospitalité, qu'on lui fasse confiance, ..................... un vieil ami de la famille ? N'était-ce pas trop beau pour être vrai ?

**5** **Complétez les phrases avec l'expression de concession ou d'opposition qui convient.**

1. Tu ..................... vouloir m'influencer et excuser son geste, je trouve que son attitude est inacceptable.

2. ..................... sa nourriture est tout à fait saine et même très bonne, ..................... je trouve que l'hospitalité de notre hôte manque de chaleur et de spontanéité.

3. L'excitation est à son comble, ..................... le stade ne soit pas complet ce soir.

4. Son témoignage était émouvant, ..................... il n'a pas convaincu les juges.

5. Ils ..................... s'agiter, prévoir des manifestations, le gouvernement ne changera pas d'avis, j'en suis persuadée.

6. — ..................... toutes les séances de gymnastique que j'ai faites, je n'ai pas encore perdu un gramme !

— Continue ....................., ça ne peut pas te faire de mal !

7 . ..................... nous nous joignions à vous par la pensée, nous regrettons de ne pouvoir être présents pour votre anniversaire.

8. ..................... nos résultats ne sont pas prestigieux, ..................... notre marge de manœuvre était vraiment réduite.

# Civilisation

**6** **Lisez cet article du *Monde* et répondez aux questions**

### « NOUS LES IMMIGRÉS, ON EST FRANÇAIS QUAND ON GAGNE LE MONDIAL »

Le rituel est désormais bien rodé. À chaque match de l'équipe de France en Coupe du monde, les quelques jeunes de la cité des 3 000 à Aulnay-sous-Bois (Seine-Saint-Denis) se retrouvent au cœur de la cité: ils installent une télévision dans la cour, au milieu des immeubles, et improvisent un barbecue collectif. À chaque but français, des explosions de joie. Pour chaque victoire, de longs concerts de klaxon et, pour ceux qui disposent d'une voiture, la descente sur les Champs-Élysées afin de fêter Zidane et les siens. Dans ce quartier, qui a connu des affrontements extrêmement violents pendant les émeutes[1] d'octobre et de novembre 2005, le soutien à l'équipe de France ne fait aucun doute. Mais ne s'accompagne d'aucune illusion sur l'impact[2] réel du football sur la société française.

Badir, 22 ans, est à « 200 % » derrière l'équipe de France. Ce vendredi 8 juillet, dans l'après-midi, le jeune homme traîne avec ses copains en bas d'un immeuble, à proximité d'un groupe d'enfants qui jouent au football parmi les déchets éparpillés : « Sarkozy[3], il dit : "La France, tu

l'aimes ou tu la quittes!" Mais nous on l'aime, surtout quand elle gagne, et on veut y rester». La présence de nombreux Noirs et Maghrébins dans l'équipe finaliste est pour eux un incroyable motif de fierté. «Cette équipe, c'est le tiers-monde, avec plein de Noirs et d'Arabes. Comme nous! Et ils gagnent contre tous les autres», s'extasie Nordine, 20 ans.

Certains se sont procuré des drapeaux français – ou algériens, pour célébrer le dieu Zidane – ou ont acheté le maillot bleu. Rachid, lui, 21 ans, attend la finale pour se procurer la tunique bleue : «Je fais écrire "93" ou "3KS" (pour 3 Keus, c'est-à-dire 3 000, en référence au nom de la cité) dans le dos. Après je vais au Maroc pour leur montrer!» Une histoire de maillot qui en dit long sur la cohabitation des identités : celle du quartier, la plus concrète, avec une forte solidarité au quotidien mais l'envie, pas toujours assumée publiquement, d'aller vivre ailleurs ; et l'identité française, qui fait hurler de joie quand un but est marqué mais qui semble disparaître aussitôt.

«Nous les immigrés, on est français quand on gagne le Mondial. Mais 15 jours après, on n'est plus français : Chirac, Sarko et tous les autres nous oublient», explique Badir. […] Très loin des illusions de la France «black-blanc-beur», ils stigmatisent un pays qui les valorise dans le sport, mais se garde bien de leur faire de la place à l'Assemblée nationale. […] Dans ce contexte, plusieurs disent rêver de quitter la France. Aller au Canada par exemple ou en Grande-Bretagne, deux sociétés jugées plus ouvertes et plus dynamiques.

Ce désir de fuite ne signifie pas qu'il n'y ait plus d'espoir. Les émeutes, disent-ils, ont eu le mérite de rappeler l'existence des banlieues. Le football, ajoutent-ils, permet de montrer que les «racailles» sont utiles au pays. Reste le chômage, qui continue de noyer les cités sous la pauvreté. Et des rapports avec la police toujours aussi désastreux, où chacun se toise – la veille encore, une voiture a été incendiée à 50 mètres de là.

Luc Bronner, *Le Monde*, 09/07/06

1.Agitation populaire, spontanée, non organisée et souvent violente. – 2. Une conséquence. – 3. Sarkozy : ministre de l'Intérieur de 2005 à 2007

**1.** Trouvez dans le texte les synonymes des expressions suivantes :

une opinion fausse, un rêve : ................................. le fait d'habiter ensemble : ...........................

condamner, dénoncer : ...................................

**2.** À quelle occasion le journaliste a-t-il écrit cet article?

.......................................................................................................

**3.** À qui L. Bronner donne-t-il la parole dans cet article? Pourquoi, à votre avis?

.......................................................................................................

**4.** Comment les jeunes des cités, issus de l'immigration, manifestent-ils leur identité française?

.......................................................................................................

**5.** «Le mythe (le rêve) black-blanc-beur» (noir-blanc-arabe) est né après la victoire en Coupe du monde 98 : l'équipe de France, composée de joueurs d'origines différentes était la preuve qu'en France, le système d'intégration était efficace et qu'il permettait à ce pays d'avancer et de gagner. Dans cet article, quels éléments montrent que «la France black-blanc-beur» est encore une illusion? .......................................................

.......................................................................................................

**6.** À quoi fait référence l'expression «black-blanc-beur»? (Pensez au drapeau français)

.......................................................................................................

# Vérité en-deçà des Pyrénées, erreur au-delà

## Compréhension et expression orales

**1** 🎧 **Écoutez le document et répondez aux questions.**

**1.** Il s'agit d'un débat, d'un exposé, d'un témoignage ou d'un cours sur les règles de politesse ?

.................................................................................................

**2.** À votre avis, à quelle question répondent ces deux femmes ?

.................................................................................................

**3.** Combien d'enfants à la seconde femme ?

.................................................................................................

**4.** Quelles sont les formules de politesse que vous avez entendues ?

.................................................................................................

**5.** Qu'ont remarqué les deux femmes qui prennent la parole ?

.................................................................................................

**6.** Pour la seconde personne, quelle est la condition pour que les enfants soient polis avec les adultes ?

.................................................................................................

.................................................................................................

**2** **Un jeune a regardé l'émission de télévision (dialogue de la leçon 12) et en parle avec ses parents ; s'il est d'accord pour respecter certaines règles élémentaires de politesse, il critique celles qui ne semblent pas avoir beaucoup de sens pour lui. Faites-le parler en utilisant dans votre argumentation les mots suivants : *spontané (e), strict(e), un interdit, une règle, une attitude, hypocrite* et finissez par « *la vraie politesse se moque parfois de la politesse* ».**

— Oui, c'est vrai que…

## Phonétique, rythme et intonation

**3** 🎧 **Écoutez les phrases suivantes, séparez d'un trait les groupes rythmiques et soulignez la syllabe sur laquelle porte l'accent d'insistance. Essayez ensuite de répéter la phrase en enlevant l'accent d'insistance.**

**1.** Ce que je vais vous dire maintenant, c'est déterminant pour la suite !

**2.** Surtout, tu évites de parler politique avec Joseph.

**3.** C'est incroyable ce que Cécilia peut avoir d'influence sur toi !

**4.** Les règles de bonne conduite, ce ne sont que des interdits !

**5.** Je te rappelle que c'était mon objectif !

**6.** Mais qu'est-ce que tu es paresseux !

**7.** Je vous interdis strictement de jeter la nourriture.

**8.** Il faut prendre des mesures, maintenant !

# Compréhension et expression écrites

**4**  **Jeu des dix erreurs. Relevez les dix erreurs de savoir-vivre qui sont dans ce petit texte.**

Le marquis de Cartalian, qui était un homme exquis, baisa la main gantée de la jeune fille et murmura :

— Mes hommages, mademoiselle.

Il lui ouvrit la porte du restaurant et s'effaça poliment pour la laisser passer la première. Puis s'adressant au maître d'hôtel :

— Garçon, dit-il, trouvez-moi une table près de l'orchestre.

Au cours du repas, il se montra plein d'attentions pour la jeune fille, lui servant de l'eau sans même qu'elle en demande, lui offrant de reprendre de la salade.

Pendant qu'il réglait l'addition, la jeune fille demanda au serveur :

— Monsieur, apportez-moi mon vestiaire, s'il vous plaît.

Après le dîner, le marquis raccompagna la jeune fille chez elle et la quitta en lui disant :

— Merci, mademoiselle, pour cette excellente soirée. Au plaisir.

**5**  **Barrez l'intrus.**

**1.** aimable - grossier - courtois - correct - poli

**2.** défendu - interdit - prohibé - illicite - légal

**3.** retenu - réservé - sans gêne - modéré - discret

**4.** s'ignorer - se dévisager - s'observer - se fixer- se regarder

**6**  **Indiquez les adjectifs contraires (il y a parfois plusieurs réponses) :**

nécessaire : ....................................     réfléchi : ....................................

malade : ....................................     bête, stupide : ....................................

ennuyeux : ....................................     calme : ....................................

ancien : ....................................     large : ....................................

solide : ....................................     sec : ....................................

**7**  **Dans la liste suivante, tous les mots désignent «un logement». Classez-les dans le tableau. Vous pouvez vous aider du dictionnaire.**

un palais – une maison – une chambre de bonne – un chez-soi – un château – un foyer – un logement – une cabane – une villa – un nid – un taudis – un galetas – un trois-pièces – un manoir – une masure – un appartement – un palace

| idée de richesse | idée de pauvreté (et parfois de saleté) | idée de confort et de douceur | mots neutres |
|---|---|---|---|
| | | | |
| | | | |
| | | | |

# Grammaire

**8** **Soulignez dans le texte toutes les expressions de comparaison.**

Elle roulait déjà depuis un peu plus de quatre heures. Elle avait quitté Paris et sa grisaille, son ciel pollué, sa chaleur aussi étouffante que celle d'un four. La circulation était bien plus fluide depuis qu'elle avait dépassé Lyon et quitté l'autoroute. Semblable à un long et large ruban noir, la petite route semblait lui offrir l'hospitalité : bordée d'arbres avec lesquels s'amusaient les rayons du soleil, comme des enfants jouant à cache-cache, elle avait sans aucun doute davantage de charme que l'autoroute. De temps en temps, une voiture lancée à toute allure, aussi rapide qu'un bolide, la doublait, puis disparaissait quelques instants après, comme si elle avait été dévorée par l'espace. Elle chantonnait une chanson un peu triste, d'une voix douce, comme pour endormir un bébé : « C'est un bouquet sans fleur, une fleur sans parfum, un parfum sans odeur, une odeur sans plus rien ; nous avions tout notre temps ou celui des papillons pour faire nos enfants aussi beaux que nous étions… »

Le bras sur la portière, les mains caressant plus le volant que ne le tenant, elle se sentait confiante : elle savait que le pire était désormais derrière elle : même si ce qui l'attendait à son retour n'était pas aussi passionnant que ce qu'elle avait rêvé, elle n'aurait plus à faire face à autant de difficultés ; et puis elle avait moins peur qu'avant et se sentait plus sûre d'elle.

Elle se dit encore qu'il valait mieux profiter du moment présent que penser à l'avenir, qu'elle verrait bien après, qu'à chaque jour suffit sa peine et que de toutes façons, l'avenir ne pouvait être que meilleur…

Comme elle aperçut XXX sur un panneau, ses pensées s'envolèrent comme un bouquet d'oiseaux. Comme il avait du charme ce petit village !... Nichées contre la falaise, de grandes bâtisses tout en pierres étaient comme endormies sous le soleil. Elle se souvint de ce que Jean-Yves lui avait dit : « Tu reconnaîtras facilement notre maison : elle est perchée tout en haut du village, on dirait une sentinelle ! »

**9** **Relevez les neuf interdictions dans le dialogue de la leçon 12 et transformez-les à l'impératif négatif si elles sont à l'infinitif négatif (ou à l'infinitif avec « il est défendu de, il est interdit de ») ou l'inverse.**

..........................................................................................................................

..........................................................................................................................

..........................................................................................................................

..........................................................................................................................

..........................................................................................................................

**10** **Récrivez les phrases en utilisant le « ne » explétif. Faites les modifications nécessaires.**

**1.** Mathieu est bien plus strict avec son fils que son père avec lui.

..........................................................................................................................

**2.** Il parle beaucoup, mais il agit bien moins !

..........................................................................................................................

**3.** Tu as entendu parler Sylvain ? Je le pensais plus poli !

Sylvain est moins ....................................................................................................

**5.** Je ne croyais pas Marine si spontanée ni si serviable.

Marine est plus .......................................................................................................

**6.** J'imaginais Versailles bien plus petit !

..........................................................................................................................

**11** **Récrivez ce petit texte en l'allégeant.**

Romain n'écoutait plus Diane. Il ne pensait qu'à une seule chose : Comment allait-il s'y prendre pour dire à son hôtesse si distinguée, dont les manières étaient parfaites, qu'elle avait oublié de fermer la fermeture éclair de sa jupe ? Qu'est-ce qu'il fallait faire ? Allait-il fixer la jupe jusqu'à ce qu'elle se rende compte de son oubli ? Non, cela manquait vraiment de savoir-vivre. Il remarqua une glace dans le salon. Qu'est-ce qu'il pourrait bien inventer pour qu'elle s'y regarde et corrige discrètement cet oubli ? Pouvait-il se lever ? Fallait-il aller l'admirer pour qu'elle s'en approche elle aussi, à son tour ? C'était une idée. Il chercha quelques secondes comment il pourrait formuler la chose, mais cette glace n'avait vraiment rien d'extraordinaire !... Et pourquoi est-ce qu'il ne le lui dirait pas, tout simplement ? : «Diane, excusez-moi, mais votre fermeture éclair est ouverte». Mais rien qu'à cette pensée, il se mit à rougir violemment.

# Civilisation

**12** 🎧 **Écoutez le texte, regardez les illustrations puis répondez aux questions.**

## LA COURTOISIE

1

2

**1.** Qui sont les personnages représentés sur l'illustration 1 ?

.................................................................................

**2.** D'où vient le mot «courtoisie» ?

.................................................................................

**3.** Quand et où est née la courtoisie ?

.................................................................................

**4.** Que signifie la courtoisie entre hommes et femmes ?

.................................................................................

**5.** Parmi les qualités suivantes, entourez celles du chevalier courtois qui sont citées dans le texte : *la franchise – la générosité – l'intelligence – la beauté – le courage – la noblesse – l'amabilité – la gentillesse – la maîtrise de soi – l'humilité – la discrétion*

Que signifie «rester maître de soi» ?

.................................................................................

**6.** Quelles sont les qualités d'un chevalier ?

.................................................................................

**7.** Qu'est-ce que la courtoisie aujourd'hui ?

.................................................................................

.................................................................................

.................................................................................

# Et si la Seine débordait à nouveau ?

## Compréhension et expression orales

**1** 🎧 **Écoutez cette histoire et répondez aux questions.**

**1.** Entourez le titre que vous donneriez à cette histoire.

**a.** Le curé qui était sourd    **b.** une inondation dramatique    **c.** Dieu, saint Pierre et le curé

**2.** Pourquoi le curé refuse-t-il d'être évacué par les secours ?

..............................................................................................................................................

**3.** Pourquoi le curé refuse-t-il d'entrer au Paradis ?

..............................................................................................................................................

**4.** En quoi le curé a-t-il été sourd au message de Dieu ?

..............................................................................................................................................

**5.** Réécoutez le texte et dites ce que signifient les expressions suivantes :

«je veille sur toi» : ......................................................................................................................

«Il lui avait promis le salut» : ....................................................................................................

«Saint Pierre rétorqua» : .............................................................................................................

**2** **Commentez les photos ci-dessous : elles représentent différents moments de l'inondation du village de Montfrin, dans le département du Gard. Ce village touristique se trouve près d'une rivière, le Gardon. Utilisez les expressions suivantes :**
*sortir de son lit, surveiller, le niveau, la cheville, redouté, dépasser, l'intervention, hélicoptère, évacuer, puissant(e), dégâts, abîmé.*

Les colères du Gardon font partie de la culture du village. Et pourtant le lundi 9 septembre 2002, après une nuit de pluies torrentielles, on ne croyait pas encore à la catastrophe…

# Phonétique, rythme et intonation

**3** 🎧 **Pour chacune des phrases, dites combien vous entendez de syllabes et pour chaque groupe rythmique, comme dans l'exemple.**

**1.** 5 / 8   **2.** ..............   **3.** ..............   **4.** ..............   **5.** ..............   **6.** ..............   **7.** ..............   **8.** ..............

# Compréhension et expression écrites

**4** **Complétez cet extrait de roman avec les mots suivants :** *dépasser – déborder – lit – surveiller – inonder – le niveau – une crue.*

Décembre 2003 – C'est le soir et le ........................................ de la Garonne monte heure après heure dans l'obscurité.

Nous savons tous que les digues[1] qui entourent le village permettent au fleuve de ........................................ de neuf mètres le niveau de son ........................................ avant que nous soyons ........................................ Cela nous le savons. C'est la première chose qu'apprend quiconque décide de s'installer ici, dans cette région depuis toujours soumise aux ........................................ de la Garonne. Mais ce que nous ne savons pas, ce soir, c'est ce qu'il en sera de cette nuit, de demain – si, comme la dernière fois, il y a dix mois, l'eau va s'arrêter au ras de la digue ou bien, comme il y a vingt-deux ans, ........................................, noyer les rues, envahir le rez-de-chaussée des maisons, parfois l'étage, parfois la maison entière.

Il faut attendre et ........................................ À huit mètres cinquante environ, recommandation sera faite d'aller garer les véhicules sur le plateau, à l'entrée du village voisin. Ce n'est pas encore le cas.

Marie N'Diaye, *Autoportrait en vert*, Gallimard, 2004

1. Construction qui permet de contenir les eaux.

**5** **Trouvez les noms qui correspondent aux verbes suivants et classez-les selon leur suffixe :**

se déplacer : ........................................   évacuer : ........................................

naviguer : ........................................   dépasser : ........................................

surveiller : ........................................   renforcer : ........................................

résister : ........................................   évoquer : ........................................

s'agiter : ........................................   se renseigner : ........................................

# Grammaire

**6** **Complétez avec une expression d'hypothèse ou de condition.**

1. Surveillez-le et prévenez-moi ..................... son attitude serait violente.
2. ..................... l'intervention rapide des pompiers, la maison disparaissait sous les flammes.
3. ..................... il se joigne à nous pour faire le cadeau, nous aurons sûrement assez d'argent.
4. ..................... tu surveillais le lait quand tu le fais chauffer, il ne déborderait pas.
5. Nous serions plus spontanés ..................... des règles un peu moins strictes.
6. ..................... te forçant un tout petit peu, tu arriveras bien à finir ton assiette.
7. Il nous faut cinq heures pour aller à Biarritz ..................... il n'y ait pas d'embouteillage.
8. Je te laisse mon numéro de portable, ..................... tu aurais besoin de me joindre.

**7** **Dans 3 phrases, il est mieux d'employer le passif. Lesquelles ?**

1. Enfin le ministre prend des mesures pour rembourser les dégâts causés par l'inondation.
2. Des policiers auraient arrêté hier, à la frontière, un dangereux criminel.
3. On a pu évacuer tous les habitants du village.
4. En prévision de l'inondation, les militaires ont mis des sacs de sable le long des berges du fleuve.
5. On a renforcé les mesures de sécurité dans toutes les villes.
6. Il attend qu'on l'évacue depuis trois heures.

**8** **Après avoir vérifié la correction de l'exercice 7, transformez à la voix passive les phrases retenues.**

1. .....................
2. .....................
3. .....................

**9** **Transformez ces phrases au passif en phrases nominales.**

1. De violents orages sont prévus. .....................
2. Une vieille dame a été agressée. .....................
3. De récents accords ont été conclus. .....................
4. Le nouveau musée a été inauguré. .....................
5. Les impôts ont été diminués. .....................
6. Tous les dossiers sont examinés. .....................

# Civilisation

**10**  **Écoutez le texte puis répondez aux questions.**

1. À quel climat ces villes de France sont-elles davantage soumises ? Climat océanique, continental ou méditerranéen ? (Aidez-vous d'une carte de France).

Brive : .....................            Nancy : .....................

Tours : .....................           Perpignan : .....................

Grenoble : .....................        Caen : .....................

**2.** Qu'appelle-t-on un climat tempéré ? ....................................

**3.** À quel évènement correspondent chacune des photos ci-dessous ?

**4.** Quel est l'évènement qui a fait le plus de victimes ?
(Justifiez votreréponse) ...............................................................

.........................................................................................................

**5.** Pourquoi se souvient-on de l'hiver 1954 ?

.........................................................................................................

.........................................................................................................

**6. Vrai ou faux ?**

|  | V | F |
|---|---|---|
| La sécheresse de 1976 a touché l'ensemble de la France. | ☐ | ☐ |
| D'habitude, il tombe 304 mm de pluie sur Paris entre décembre et juin. | ☐ | ☐ |
| Il y a eu un impôt spécial en 1976. | ☐ | ☐ |

**7.** Où a été relevée la plus forte vitesse du vent lors des ouragans de décembre 1999 ? À quelle vitesse allait-il ? ...............................................................

**8.** Quelles ont été les conséquences de la tempête de 1999 ?

.........................................................................................................

.........................................................................................................

**9.** Combien de temps a duré la canicule en 2003 ?

.........................................................................................................

**10.** Quels ont été les records de chaleur

à Brive (région du Limousin) : ........................ à Tours (région du Centre) : ...................

à Dinard (région de la Bretagne) : ................ à Caen (région de la Normandie) : ...............

**11.** Quelles sont les catastrophes naturelles qui sont dans la mémoire collective des habitants de votre pays ? ...............................................................

.........................................................................................................

# Un petit coin de paradis

## Compréhension et expression orales

**1** 🎧 **Trois personnes se racontent des histoires drôles. Écoutez cette conversation et répondez aux questions.**

**1.** À quel dessin correspond chacune de ces histoires ?

1ʳᵉ histoire : ................    2ᵉ histoire : ................    3ᵉ histoire : ................

**1**                    **2**                    **3**                    **4**                    **5**

**2.** Quelle expression indique que l'on va raconter une histoire drôle ? ....................................

**3.** De quels aspects de la vieillesse se moque-t-on dans ces histoires drôles ? ..................
........................................................................................................................................................

**4.** Réécoutez la première histoire ; en vous aidant du contexte, dites ce que veut dire l'expression
« en permanence » ...........................................................................................................................

**5.** Réécoutez la dernière histoire ; en vous aidant du contexte, expliquez l'expression « discuter
de ses dernières volontés » ............................................................................................................

**6.** Quelles personnalités sont citées dans la dernière histoire drôle ? ....................................
........................................................................................................................................................

**7.** Les personnes qui discutent sont-elles âgées ? Justifiez votre réponse
........................................................................................................................................................

**2** **Vous connaissez sans doute des histoires drôles sur le thème de la vieillesse. Racontez-en une aux autres apprenants.**

## Phonétique, rythme et intonation

**3** 🎧 **Écoutez. Quelles phrases sont inachevées ?**

phrase 1 : ................    phrase 2 : ................    phrase 3 : ................    phrase 4 : ................

# Phonie-graphie

**4** 🎧 **Écoutez les phrases et barrez les lettres qu'on n'entend pas.**

**1.** Je n'ai plus envie de le voir.

**2.** Je me suis juré de partir bientôt.

**3.** Mais je n'ai pas que ça à faire !

**4.** Madeleine, elle est tout le temps stressée !

# Compréhension et expression écrites

**5** **Reliez chaque expression à sa définition. Vous pouvez vous aider du dictionnaire :**

**1.** Avoir des plis sur le visage

**2.** Qui a des marques sous les yeux

**3.** Qui a une voix abîmée

**4.** Qui ne se tient plus droit

**5.** La peau molle

**6.** Être très maigre

**a.** la peau flétrie

**b.** être voûté(e), courbé(e)

**c.** être ridé(e)

**d.** la voix cassée

**e.** être décharné(e)

**f.** être cerné(e)

**6** **Lisez ces descriptions de vieillards et répondez aux questions.**

«Cet homme, vieux du reste, avait le nez gros, le menton dans la cravate, des lunettes vertes […] Ses cheveux étaient gris. Il était vêtu de noir de la tête aux pieds. [...] Il tenait à la main un vieux chapeau. Il marchait voûté et la courbure de son dos s'augmentait de la profondeur de son salut.»

Victor Hugo, *Les Misérables*

«Madame Rosa avait des cheveux gris qui tombaient eux aussi parce qu'ils n'y tenaient plus tellement. […] Elle avait plus de fesses et de seins que n'importe qui et quand elle se regardait dans le miroir, elle se faisait de grands sourires, comme si elle cherchait à se plaire.»

Romain Gary, *La Vie devant soi*

«Sa figure était d'un blanc sale, et son crâne ridé, dégarni de cheveux, avait une vague ressemblance avec un quartier de granit. […] Un large cercle brun, meurtri, se dessinait sous chacun de ses yeux.»

Honoré de Balzac, *Ferragus*

«Le bon vermicellier[1] de soixante-deux ans […] semblait être un septuagénaire hébété[2], vacillant, blafard[3]. Ses yeux si vivaces prirent des teintes ternes et gris de fer, ils avaient pâli, ne larmoyaient plus, et leur bordure rouge semblait pleurer du sang.»

Honoré de Balzac, *Le Père Goriot*

«L'homme qui parlait était un vieillard plein d'une énergie, une rage peut-être, qui l'habitait tout entier. Il avait quitté le superflu des graisses, des muscles et des cheveux pour aller à un essentiel fait de beaucoup d'os et d'un peu de peau.»

Jean-Christophe Rufin, *Sauver Ispahan*

1. Un fabricant de pâtes. – 2. Un homme de 70 ans, bête, stupide. – 3. Sans couleur.

**1.** Soulignez dans chaque extrait les expressions qui montrent la vieillesse du personnage.

**2.** Quels sont les personnages qui n'ont plus de cheveux ? .................................................

**3.** Quel est le personnage qui est plutôt assez gros ? ........................................................

**4.** Quel est le personnage qui est décharné? ..................................................................

**7** **À votre tour, faites une courte description de ce dessin.**

......................................................................................................

......................................................................................................

......................................................................................................

# Grammaire

**8** **Récrivez les phrases en utilisant *dans, en, pour* ou *pendant*. Faites les modifications nécessaires.**

**1.** Il ne lui a pas fallu longtemps pour planter son figuier : seulement une demi-heure.

.................................................................................................................................................

**2.** Plus que deux mois et… Henri sera à la retraite !

.................................................................................................................................................

**3.** Normalement, je suis à Barcelone mercredi et jeudi, pas plus.

.................................................................................................................................................

**4.** Tu sais, quand j'étais enfant, les ordinateurs n'existaient pas !

.................................................................................................................................................

**5.** Émilien a refusé de revoir ses parents de 1999 à 2004 ! Tu te rends compte !

.................................................................................................................................................

**6.** Souvent les gens ne veulent pas quitter leur maison quand il y a des inondations : ils ont peur de se faire cambrioler.

.................................................................................................................................................

**7.** Tu n'es vraiment pas très réaliste : toute cette année, tu n'as pas beaucoup travaillé et tu penses que tu n'auras besoin que d'une semaine pour revoir tout ton programme…

.................................................................................................................................................

.................................................................................................................................................

**8.** Toute la semaine nous aurons de la grisaille ; c'est la météo qui l'a annoncé.

.................................................................................................................................................

**9** **Hypothèse irréelle ou réalisable ? Cochez « I » ou « R ».**

|  | I | R |
|---|---|---|
| **1.** Au cas où tu verrais Sophie, tu pourrais lui dire de m'appeler ? | ❑ | ❑ |
| **2.** S'il me proposait de partir, là, tout de suite, je ferais ma valise, c'est sûr ! | ❑ | ❑ |
| **3.** Si je bénéficiais de tous tes avantages, je ne me plaindrais pas. | ❑ | ❑ |
| **4.** Avec un peu de chance, j'aurai peut-être une place pour le concert de ce soir. | ❑ | ❑ |
| **5.** Si Lina allait se balader un peu, ça lui ferait du bien. | ❑ | ❑ |
| **6.** Sans les enfants, Joël déménagerait car il préfère vivre en appartement. | ❑ | ❑ |
| **7.** Si un jour il me proposait de partir, je ferais ma valise tout de suite. | ❑ | ❑ |
| **8.** Si tu avais l'occasion d'aller lui rendre visite un jour ou l'autre, Annie serait ravie. | ❑ | ❑ |

# Civilisation

**10** **Lisez et répondez aux questions.**

## LE THÈME DE LA VIEILLESSE DANS LA POÉSIE FRANÇAISE.

Ce thème a inspiré de nombreux poètes de Ronsard à Prévert. Si elle est souvent vécue par les poètes comme la perte des facultés et la peur de l'approche de la mort ; elle est parfois l'idée d'un certain bonheur, d'un apaisement comme chez Sully Prud'homme ou une sorte de retour à l'enfance, comme chez Jacques Prévert. Elle peut enfin être un argument dans le dialogue amoureux comme chez Pierre de Ronsard…

**1.** Associez à chacun des poèmes ci-dessous sa référence : Jacques Prévert, *Histoires et autres histoires* (1963), Sully Prud'homme, *Les Solitudes* (1869), Pierre de Ronsard, *Les Amours* (1553)

### La vieillesse

Viennent les ans ! J'aspire[1] à cet âge sauveur
Où mon sang coulera plus sage dans mes veines,
Où les plaisirs pour moi n'ayant plus de saveur,
Je vivrai doucement avec mes vieilles peines.
[…]
Et je ne dirai pas : «c'était mieux de mon temps.»
Car le mieux d'autrefois c'était notre jeunesse.
Mais je m'approcherai des âmes[2] de vingt ans
Pour qu'un peu de chaleur en mon âme renaisse.

1. Désirer. – 2. Une personne ou une pensée.

### La vie n'a pas d'âge

La vraie jeunesse ne s'use pas.
On a beau l'appeler souvenir
On a beau dire qu'elle disparaît,
On a beau dire et vouloir dire que tout s'en va,
Tout ce qui est vrai reste là.

Quand la vérité est laide, c'est une bien fâcheuse
histoire
Quand la vérité est belle, rien ne ternit[1] son miroir.
Les gens très âgés remontent en enfance
Et leur cœur bat
Là où il n'y a pas d'autrefois.

1. Enlever de la beauté.

### Ode à Cassandre

Mignonne, allons voir si la rose
Qui ce matin avait déclose[1]
Sa robe de pourpre[2] au soleil
A point perdu cette vesprée
Les plis de sa robe pourprée
Et son teint au vôtre pareil.

Las ! Voyez comme en peu d'espace,
Mignonne, elle a dessus la place,
Las, las, ses beautés laissé choir[3] !
Ô vraiment marâtre[4] Nature,
Puisqu'une telle fleur ne dure
Que du matin jusques au soir.

Donc si vous m'en croyez, mignonne,
Tandis que votre âge fleuronne[5]
En sa plus verte nouveauté,
Cueillez, cueillez votre jeunesse :
Comme à cette fleur la vieillesse
Fera ternir votre beauté.

1. Qui est ouverte. – 2. Le soir (ne s'emploie plus en français moderne). – 3. Hélas ! Voyez comme en peu de temps elle a perdu sa beauté ! – 4. Méchante. – 5. fleuronner : se couvrir de fleurs (ne s'emploie plus en français moderne).

**2.** Cherchez les dates de naissance et de mort de chacun des poètes.

**3.** Dans chacun des poèmes, soulignez les expressions qui évoquent la vieillesse.

**4.** Pour qui le poème de Ronsard est-il écrit ?

**5.** Que symbolise la rose dans ce poème ?

**6.** Toujours dans ce poème, comment comprenez-vous le vers : «Cueillez, cueillez votre jeunesse»?

**7.** Parmi ces trois poèmes, le plus connu est l'*Ode à Cassandre*. Pourquoi ne pas l'apprendre ?

**8.** Connaissez-vous des poèmes de votre culture qui évoquent la vieillesse ? Lesquels ?

# Le jour des dinosaures au palais de la Découverte

## Compréhension et expression orales

**1** 🎧 **Écoutez le document et répondez aux questions.**

**1.** Il s'agit de la présentation… ❏ d'une émission radiophonique ❏ d'une émission télévisée

**2.** De qui parle cette émission ? ❏ Stéphane Sauvène ❏ Jules Verne ❏ Peggy Satri

**3.** Parmi la liste suivante, cochez les titres de romans que vous avez entendus.

❏ Cinq Semaines en ballon ❏ Voyage au centre de la terre ❏ De la terre à la lune
❏ Voyage autour du monde ❏ L'Invasion de la mer ❏ Le Château des Carpathes
❏ 20 000 lieues sous les mers ❏ Le Tour du monde en 80 jours ❏ L'Île mystérieuse

**4.** Quelles sont les deux questions qui seront posées aux invités ?

..................................................................................................................................

**5.** Proposez un synonyme pour l'adjectif « fervent » dans l'expression « de fervents admirateurs ».

..................................................................................................................................

## Phonétique, rythme et intonation

**2** 🎧 **Écoutez les phrases ci-dessous et répondez aux questions.**

**1.** Il blague quelquefois mais rarement. **2.** Je le remarque grâce à vous. **3.** J'en voudrais cinq grammes. **4.** c'est une plaque glissante. **5.** Il ne se fatigue que quand ça l'intéresse.

Que se passe-t-il lorsque le son [g] est tout de suite suivi par le son [k] ?

..................................................................................................................................

Que se passe-t-il lorsque le son [k] est tout de suite suivi du son [g] ?

..................................................................................................................................

Écoutez chaque phrase et répétez-la.

## Phonie, graphie

**3** 🎧 **Écrivez les phrases que vous entendez ; attention à la graphie du son [ɛ].**

**1.** ...........................................................................................................................

**2.** ...........................................................................................................................

**3.** ...........................................................................................................................

# Compréhension et expression écrites

**4**  **Lisez cet article et répondez aux questions.**

*Les découvertes scientifiques se font-elles dans le marc de café ?*

Un chercheur à qui l'on demandait où et comment il trouvait son inspiration le conduisant à d'éventuelles découvertes répondit simplement : «Dans le marc de café». Essayait-il d'éluder la question, de se montrer hautain ou de plaisanter ? Rien de tout cela. Par «marc de café», il voulait en fait dire «pause café». Perte de temps ? Obligation légale ? Concession au paresseux qui sommeille en chacun de nous ? Du plus grand au plus petit laboratoire du monde, du plus obscur au plus prestigieux institut de recherche, tous (ou presque) ont donné à la pause café une place privilégiée. [...] L'importance de ce moment est telle que des «écoles pause café» se créent et débattent avec passion de leur organisation.

Ces pauses café ne sont pas que de simples moments conviviaux de détente ou l'occasion de se doter d'une solide dose de caféine afin d'être plus efficace dans son travail. De l'avis de la grande majorité des chercheurs, ils sont des moments importants, voire essentiels, dans la création, sur le chemin de la découverte. Nombre d'histoires qui «traînent» sur l'instant du déclic de «eurêka» («J'ai trouvé») invoquent la pause café, la discussion détendue avec d'autres personnes, la confrontation d'idées, l'ouverture sur des domaines de recherche autres que le sien.

[...] Car ce sont des lieux où l'information circule. D'autant que s'y mêlent les étudiants, les thésards, les chercheurs, les «patrons», les administratifs... Et tout le monde y est un peu plus accessible. Mais les discussions sont souvent animées et la controverse y est la règle. C'est souvent là que «les bonnes» idées naissent. La présence de chercheurs de disciplines différentes ainsi que des non-spécialistes est également appréciée : en reformulant les questions que l'on se pose dans le cadre de ses recherches, on trouve parfois de nouvelles perspectives, de nouveaux angles d'attaques. En ayant moins «le nez au ras des pâquerettes», en s'autorisant certaines libertés, on est plus créatif.

Jean-Luc Nothias, *Le Figaro*, 05/07/2006

**1.** En quoi le titre est-il un peu ironique (moqueur)? (Le marc de café est ce qui reste de la poudre de café quand on a fait passer l'eau dessus).

...................................................................................................................................

**2.** Trouvez dans le texte les mots qui signifient

éviter quelque chose : ................................................ peu connu : ................................................

l'échange d'idées : ................................................ un moment où on se repose : ................................................

**3.** Quelle expression utilise-t-on en français quand on vient de comprendre ou de découvrir quelque chose ? De quelle langue vient-elle?

...................................................................................................................................

**4.** La pâquerette est une toute petite fleur blanche. Comment expliqueriez-vous l'expression «avoir le nez au ras des pâquerettes»?

...................................................................................................................................

**5.** Pourquoi la pause café est-elle un moment privilégié dans le monde scientifique ?

...................................................................................................................................

**5**  **À partir des éléments d'information ci-dessous, rédigez la biographie de l'aviateur Louis Blériot; utilisez les mots suivants dans votre présentation : *fasciné(e) par, prendre l'initiative de, une tentative, un échec, se décourager, passer à la postérité, une réussite, éclatant(e).* Utilisez le passé simple et le présent de narration.**

1872 : naissance à Cambrai.
Il devient ingénieur dans l'automobile, crée une entreprise qui vend des phares et des accessoires.

1907 : il abandonne l'automobile et se lance dans la construction des avions. Son premier avion, le Canard, s'écrase après quelques heures de vol. Malgré ses soucis d'argent, il continue à construire des avions : la Libellule, le Blériot 7.

25 juillet 1909 : il traverse pour la première fois la Manche entre Calais et Douvres, avec son dernier modèle, le Blériot 11. C'est un grand succès.

De 1910 à 1936 : il fonde ses propres usines Blériot et construit plusieurs sortes d'avions.

2 août 1936 : il meurt d'une crise cardiaque.

Le célèbre aviateur français Louis Blériot .......................................................
................................................................................................................................
................................................................................................................................

# Grammaire

**6** **Reliez les phrases en utilisant le pronom relatif qui convient. Faites les modifications et utilisez une préposition quand c'est nécessaire.**

**1.** François-Marie Arouet est un philosophe. Il est bien plus connu sous le nom de Voltaire.
................................................................................................................................

**2.** Respire bien, essaie de ne pas t'affoler. Sans cela, tu perdras tous tes moyens.
................................................................................................................................

**3.** Je suis allée à une conférence sur l'astronomie. Je n'y ai rien compris.
................................................................................................................................

**4.** Il y avait une queue à l'entrée du musée ! On n'en voyait pas la fin !
................................................................................................................................

**5.** Il connaît parfaitement la vie de Copernic. Il a beaucoup d'admiration pour cet astronome.
................................................................................................................................

**6.** C'est un truc personnel. Je ne veux pas t'en parler.
................................................................................................................................

**7.** C'est un objet en bois. Avec, on peut se déplacer sur l'eau. Qu'est-ce que c'est ?
................................................................................................................................

**7** **Complétez avec l'expression d'opposition ou de concession qui convient.**

**1.** ............................ ces fleurs sont artificielles, ............................ elles sont jolies.

**2.** Ce voyage ............................ être coûteux, je l'organiserai ............................

**3.** ............................ il aille beaucoup mieux, je le trouve encore bien fragile.

**4.** Commence donc par réviser un peu ............................ jurer que tu vas réussir tes examens.

**5.** Tu répètes que Sylvain est timide et peu sûr de lui ; ............................ il prend des initiatives.

**6.** Peter s'est remis à bricoler ............................ l'échec de sa première tentative.

**8** **Récrivez ces phrases en utilisant « pourvu que ».**

**1.** J'espère qu'il n'y aura pas trop de queue. ...................................................................

**2.** Ça serait bien si Olivier se joignait à nous. ...................................................................

**3.** J'aimerais bien être reçue à mon examen. ...................................................................

**4.** J'espère que mes projets se réaliseront. ...................................................................

**9** **Complétez avec l'expression de condition qui convient.**

**1.** Rémi ne se retrouvera pas dans les embouteillages ..................................... il parte dimanche.

**2.** C'est sûr, Rémi se retrouvera dans les embouteillages, ..................................... il part dimanche.

**3.** Vous pourrez toujours jouer aux cartes ou regarder la télé ..................................... il pleuvrait.

**4.** Qu'est ce que je ferais ..................................... toi ? Parfois, je me le demande…

**5.** J'éviterais de faire pousser de la vigne ici ..................................... j'étais toi.

**6.** Vous ne pouvez pas grimper sur les rochers ..................................... on vous y autorise.

# Civilisation

**10** 🎧 **Écoutez le texte puis répondez aux questions.**

## LES GRANDES INVENTIONS SONT PARFOIS DUES AU HASARD…

Tout le monde connaît l'histoire de la pomme de Newton. Le jeune savant reçoit sur la tête une pomme, et hop ! Il en conclut la loi de la Gravitation Universelle. Cette caricature illustre bien le perpétuel éveil de l'esprit scientifique…

Il n'en reste pas moins qu'un certain nombre d'inventions sont le fruit du hasard et non pas le résultat d'une recherche consciente…

**1.** Retrouvez dans le début du texte un adjectif qui signifie « permanent » : ...........................

**2.** Reliez l'invention avec son inventeur.

le verre            René Laennec

le téléphone       Georges de Mestral

le stéthoscope     un marchand phénicien

les chips          Antonio Meucci

le velcro          Georges Crum

**3.** Parmi ces inventeurs, lequel est français ? De quel siècle est-il ?

.........................................................................

**4.** À quoi sert un stéthoscope ?

.........................................................................

.........................................................................

**5.** Quand et comment les chips sont-elles nées ?

.........................................................................

.........................................................................

**6.** Quels sont les inventeurs de votre pays ? Qu'ont-ils inventé ?

.........................................................................

.........................................................................

# Les défis du XXIe siècle

## Compréhension et expression orales

**1** 🎧 **Écoutez cet extrait de discours de Pierre Béroux prononcé lors du colloque du 24 janvier 2006 :** *Le nucléaire et le principe de précaution* **(le principe de précaution : ensemble des mesures qu'on prend pour éviter quelque chose) et répondez aux questions.**

**1.** À partir de quelle année est né le principe de précaution ? À cause de quoi ?

..............................................................................................................................

..............................................................................................................................

**2.** Dans quels domaines a-t-il été appliqué dans les années 1990 ? À cause de quoi ?

..............................................................................................................................

**3.** Qu'est-ce qu'on appelle les énergies fossiles ? ...................................................

**4.** À votre avis, Pierre Béroux est plutôt favorable à l'énergie nucléaire ou plutôt défavorable ? Justifiez votre réponse. ....................................................................................

..............................................................................................................................

**5.** Mettez dans l'ordre les grandes peurs des Français que le sondage fait apparaître.

Les bouleversements climatiques – l'insécurité – le chômage – les risques nucléaires – la dégradation de leur environnement – la misère et l'exclusion

1re position : .................................... 2e position : ....................................

3e position : .................................... 4e position : ....................................

5e position : .................................... 6e position : ....................................

**2** **Deux amis discutent. L'un est pour l'énergie nucléaire, l'autre est contre. Faites-les parler. Vous utiliserez les expressions suivantes :** *s'affoler – refuser – la construction – un danger – provenir de – responsable de – la pollution – dangereux – environ – économique – prétendre – propre – coûteux.* **(Vous pouvez vous aider des arguments proposés ci-dessous).**

*1. Les médias, les romans de science-fiction et certains politiques font peur aux gens.*

*2. Aucune source d'énergie n'est tout à fait sûre*

*3. L'effet de serre et la pollution sont la conséquence de l'utilisation des énergies fossiles.*

*4. L'énergie nucléaire et les déchets radioactifs ne sont pas un grand danger pour la planète : la vie a commencé à se développer sur terre il y a 4 milliards d'années dans des conditions de radioactivité bien plus intenses qu'aujourd'hui. Il y a maintenant une vie sauvage très riche autour de la zone radioactive de Tchernobyl.*

*5. Le nucléaire n'est pas une source d'énergie durable : les ressources d'uranium sont limitées à quelques dizaines d'années.*

*6. Il faut un contexte politique sans guerre pour avoir des installations nucléaires.*

*7. Les installations nucléaires produisent des déchets dangereux dont on ne sait pas quoi faire.*

*8. L'énergie nucléaire coûte cher quand on prend en compte la construction et la déconstruction des usines nucléaires et le stockage des déchets radioactifs.*

— Ah non ! Ne me dis pas qu'on aura une guerre nucléaire… enfin !… Une centrale nucléaire, ce n'est pas une bombe ! Tu ne vas quand même pas croire…

— Tu prétends que le nucléaire est plus économique et plus propre, mais tu oublies…

# Compréhension et expression écrites

**3** **Lisez cet extrait d'article et répondez aux questions.**

*Minatec : Grenoble parie sur les nanotechnologies[1]*

Pari tenu : moins de deux ans après la pose de la première pierre, Minatec, la plus grande plate-forme européenne de recherche sur l'infiniment petit, est inaugurée aujourd'hui à Grenoble.

Cet ensemble de 45 000 m² de laboratoires, est dimensionné pour accueillir 4 000 chercheurs, ingénieurs, techniciens, étudiants, venant d'horizons divers : universités, organismes de recherche, grandes écoles, entreprises…

« Minatec est l'un des trois plus grands pôles mondiaux de recherche en micro (millionième de mètre) et nanotechnologies (milliardième de mètre) avec Albany (États-Unis) et Selete, près de Tokyo », se réjouit Bernard Barbier, le directeur du laboratoire d'électronique et de technologies de l'information (LETI) du Commissariat à l'énergie atomique (CEA), porteur du projet avec l'Institut national polytechnique de Grenoble.

Dans ce temple de la haute technologie, les scientifiques vont tenter de développer des composants électroniques de taille infinitésimale capables de stocker des quantités d'informations sur des surfaces minuscules ou de multiplier (par un milliard !) la puissance des ordinateurs, de mettre au point[2] des microcapteurs, des biopuces, des nouveaux matériaux, des écrans ultra-plats ou encore de fabriquer des « nano-objets » en manipulant[3] directement… des atomes.

[…] Les collectivités territoriales[4] financent plus de la moitié de l'investissement[5], qui s'élève aujourd'hui à 193 millions d'euros, loin devant l'État, dont l'apport se limite à 13,4 millions d'euros. De leur côté, le CEA verse 39,1 millions d'euros et le privé 47,3 millions d'euros sous forme de prêts bancaires.

Pas question ici de séparer le public du privé quand près de 180 entreprises contribuent aux deux tiers du budget annuel de Minatec (environ 300 millions d'euros). Tout est conçu[6] (jusqu'à l'emplacement de la cantine et des machines à café !) pour faciliter, au contraire, les contacts entre les différents acteurs, qu'ils viennent de la recherche fondamentale, appliquée ou industrielle. […]

Marc Mennessier, *Le Figaro*, 02/06/2006

1. La manipulation des atomes pour fabriquer des matériaux. Nano = nain en grec. – 2. Trouver le bon fonctionnement. – 3. Toucher en faisant attention. – 4. Les représentants de l'État dans les régions et les départements (conseil régional et conseil général). – 5. Un placement d'argent. – 6. Participe passé de concevoir qui signifie réaliser, faire.

**1.** Trouvez dans le texte les expressions qui signifient :

de taille très petite : ............................................................ venir de différents endroits : ............................................... un grand centre, une grande entreprise : ..............................

**2.** Un temple est d'ordinaire un peu comme une église : un endroit de culte et de prière. Comment comprenez-vous l'expression : « dans ce temple de la haute technologie » ?

.....................................................................................

**3.** Expliquez le titre de l'article. (parier sur quelque chose signifie engager de l'argent pour en gagner) ...............................................................................

.....................................................................................

**4.** Où est situé Minatec ? Quelle est sa taille ? Quelles sont ses activités ?

..........................................................................................................................................

..........................................................................................................................................

**5.** Soulignez tous les mots et expressions scientifiques.

# Grammaire

**4** **Cochez les phrases qui expriment la condition.**

**1.** Je voudrais savoir si on peut jeter le verre dans cette poubelle. ❏

**2.** Si tu protestais un peu plus fort, tu te ferais entendre. ❏

**3.** Essayons de voir s'il n'y a pas d'autre solution. ❏

**4.** Acceptez, s'il n'y a pas d'autre solution. ❏

**5.** L'inondation était si importante que la radio en a parlé toute la semaine. ❏

**6.** Si vous aviez vu Éric !... Il était rouge ! ❏

**5** **Dans le texte suivant, on peut remplacer l'expression « quoique » par « bien que », mais aussi par deux autres expressions d'opposition. Lesquelles ? Récrivez le texte en les utilisant.**

Quoique vous soyez dans le printemps de votre vie, quoique tous les plaisirs vous cherchent, quoique vous soyez belle ; quoiqu'on vous loue du soir au matin et que par toutes ces raisons, vous soyez en droit de n'avoir pas le sens commun, cependant vous avez l'esprit très sage et le goût très fin et je vous ai entendue raisonner mieux que de vieux derviches à longue barbe et à bonnet pointu.

Voltaire, *Zadig*, « Dédicace »

..........................................................................................................................................

..........................................................................................................................................

..........................................................................................................................................

..........................................................................................................................................

**6** **Complétez les phrases suivantes par l'expression d'opposition ou de condition appropriée. Il y a parfois plusieurs solutions.**

**1.** Il lui fallait toujours un grand calme pour réfléchir, ........................................ elle n'y arrivait pas.

**2.** ........................................ ce modèle soit le meilleur, ce qui reste encore à prouver, il faudra du temps avant de le distribuer sur le marché.

**3.** Ne grimpe pas là-dessus, ........................ je te donne une claque. Et tu t'en souviendras longtemps.

**4.** ........................................ ils aient respecté le contrat, nous devrions pouvoir nous installer dans notre nouveau logement en février.

**5.** Vous n'avez pas vu que c'était interdit de jeter les papiers ? ........................................ c'est écrit assez gros, non ?

**6.** ........................................ d'avoir entièrement raison, il n'a pas entièrement tort non plus

# Civilisation

**7** **Lisez le texte suivant et répondez aux questions.**

## LA NANOTECHNOLOGIE DANS LA SCIENCE-FICTION D'EXPRESSION FRANÇAISE

La nanotechnologie est apparue assez tard dans la fiction des auteurs francophones, mais avec force. Elle est désormais présente jusque dans les ouvrages pour la jeunesse, comme en témoigne une nouvelle d'Ange, *Le Fantôme de la tour Aiguille*, qui la traite sur le mode du conte de fées : les nanorobots permettent aux gens de contrôler[1] leur environnement et encouragent le rapprochement d'un père et de son fils. Dans le roman *Les Nuages de Phoenix*, de Michèle Laframboise, ce sont des nanomachines qui constituent le mécanisme de défense d'une planète. Dans *Invisible* de Fabrice Colin, Tiago, un jeune de 15 ans et son ami Douglas volent un tube mystérieux appartenant à l'armée. Malencontreusement le tube se casse ; il contenait des nanorobots qui vont se répandre sur la ville et prendre possession des Androïdes. Ceux-ci se retournent contre les humains.

Par rapport à l'aspect médical, *Le Mouton sur le penchant de la colline*, une nouvelle de Jean-Jacques Girardot, explore les conséquences d'une technologie capable d'agir sur le cerveau : les souvenirs les plus tristes peuvent être effacés et le contrôle des perceptions humaines permet aussi de créer des illusions consolantes, impossibles à distinguer de la réalité.

La nanotechnologie peut aussi servir aux futilités[2] : dans le roman *F.A.U.S.T.* de Serge Lehman, le texte évoque les yeux, les ongles et la poitrine qui changent de couleur en fonction des sentiments des personnages grâce à l'implantation de nanomachines. Inversement, ce qui peut améliorer ou guérir peut aussi détruire. Toujours dans *F.A.U.S.T.*, des nanomachines sont utilisées pour détruire un corps humain en le dévorant de l'intérieur.

Le thème du surhomme (ou de la surfemme) né de l'implantation de nanomachines, a pris beaucoup d'importance dans la science-fiction francophone. La série de B.D. *Travis* de Fred Duval et Christophe Quet met en scène le personnage du terroriste Vlad Nyrki, accidenté paralytique dont la musculature est tissée de nanomachines. Cependant, la particularité des nanomachines dans cette série est aussi d'apparaître comme une drogue créant une réelle dépendance. Les personnages dotés de facultés augmentées sont aussi au rendez-vous dans plusieurs autres œuvres. Mais c'est le personnage de Chan Coray, créé par Lehman dans *F.A.U.S.T.* qui en est l'incarnation la plus marquante.

1. Protéger l'environnement. – 2. Quelque chose de peu important.

**1.** Trouvez dans le texte les expressions qui signifient :

devenir l'ennemi de quelqu'un : ............................................. un robot qui ressemble à un humain : .............................

le fait de mettre quelque chose dans un endroit ou dans quelqu'un : .............................
**2.** Quel est le thème principal des récits de science-fiction qui utilisent la nanotechnologie ?

.............................................................................................................

**3.** Dans les romans cités, quels sont les aspects positifs et négatifs de la nanotechnologie ? Pourquoi ? .......................................................................................

.............................................................................................................

**4.** Expliquez cette citation de François Rabelais, grand médecin et romancier français du XVIe siècle : «Science sans conscience n'est que ruine de l'âme.»

.............................................................................................................

.............................................................................................................

**5.** Quels sont les écrivains de votre pays qui utilisent la nanotechnologie dans leurs récits ? Sont-ils connus ? Les appréciez-vous ?

.............................................................................................................

.............................................................................................................

# Les copains d'abord

## Compréhension et expression orales

**1** Lisez le dialogue suivant en remplaçant les mots soulignés par les expressions de la leçon qui conviennent. Changez la construction de la phrase quand c'est nécessaire.

— Franchement, Ludovic, il m'a déçu !
— Mais non ! C'était <u>pour rire</u>, c'est tout, ça ne va pas plus loin !
— Attends, Ludovic, c'est plus qu'un copain : après tout ce que <u>j'ai fait avec lui</u> ! Après <u>tout ce qu'on s'est dit et promis de ne répéter à personne</u> !
— Oui, mais tu le connais, c'est quelqu'un qui agit souvent <u>sans réfléchir</u>. C'est seulement après qu'il se rend compte de ses bêtises.
— Peut-être, mais il n'<u>a</u> même pas <u>osé</u> me faire des excuses en face !
— Je te promets qu'il n'est pas très fier de lui, il sait que tu es en colère et que tu lui en veux…
— Oui, ça, je lui en veux ! Quand il dit à Laénna que j'ai besoin d'appeler ma mère tous les soirs, <u>j'ai l'air de</u> quoi ? Tu trouves que ça <u>me donne de la valeur</u> auprès d'elle ?
— Non, c'est sûr !…
— En tous cas, il <u>m'a bien montré</u> que je ne pouvais pas lui faire confiance.

## Phonétique, rythme et intonation

**2** 🎧 Écoutez les phrases et pour chacune, dites combien de fois vous entendez le son [ʒ].

1. ................. 2. ................. 3. ................. 4. ................. 5. ................. 6. .................

**3** 🎧 Écoutez les phrases suivantes (le « e » de « je » est toujours muet) puis complétez.

**1.** Je t'attends sur la place. – **2.** Je descends tout de suite. – **3.** Je bois du café le matin. – **4.** Je parle français, anglais et arabe. – **5.** Je sers à quoi ici ? – **6.** En ce moment, je zone. – **7.** Je gare la voiture et j'arrive. – **8.** Je crois c'est une prison ce bâtiment. – **9.** Je fabrique des seaux en plastique. – **10.** Je voudrais partir loin de la grisaille.

J'entends [ʒ] dans les phrases ..........................................................................

J'entends plutôt [ʃ] dans les phrases ..........................................................................

Devant une consonne sourde (t, p, s, k, f), le son [ʒ] ..........................................................................

Devant une consonne sonore, (d, b, z, g, v), le son [ʒ] ..........................................................................

## Compréhension et expression écrites

**4** Classez les mots suivants par ordre d'intensité croissante.
*la passion – la haine – la camaraderie – l'amour – la froideur – l'indifférence – l'amitié*

..........................................................................

**5** **Dites-le autrement, comme dans l'exemple. (il faut parfois changer la construction de la phrase).**

Exemple : Il <u>regrette</u> son enfance : *Il a la nostalgie de son enfance.*

**1.** Viendrez-vous avec <u>votre mari</u> ? ...................................................................

**2.** Sarah adore les fleurs <u>qui poussent dans les champs, les forêts</u> : ...................................

**3.** Personne <u>ne veut jouer avec Kevin ni lui parler</u> : ...................................

**4.** Nous <u>avons dû écouter</u> son discours pendant une heure. Qu'est ce que c'était ennuyeux !

...................................................................

**5.** <u>Il a fait comme si je n'existais pas</u> pendant toute la soirée. ...................................

**6.** Avec moi, il est plutôt <u>froid, distant</u> : ...................................

**6** **Lisez le texte suivant puis répondez aux questions.**

*Les couteaux coupent l'amitié ; les petits cadeaux l'entretiennent.*

La superstition est encore bien vivante aujourd'hui, dans la plupart de nos provinces : on n'accepte pas le don d'un couteau ou d'une paire de ciseaux, et l'on n'a pas beaucoup de reconnaissance vis-à-vis des gens qui sont assez maladroits pour vous les offrir. Pour tous les autres cadeaux c'est le contraire ; si petits qu'ils soient, on les reçoit toujours avec un nouveau plaisir et l'on refuse encore moins les gros.

Cette influence attribuée aux couteaux date du XVe siècle : «Celui qui offre par amour un couteau à sa dame le jour de l'an, sachez que leur amour refroidira» (Évangiles des quenouilles, chapitre 30, 1460)

Mais en remontant plus haut que le XVe siècle, on trouve que le don d'un couteau avait une signification très différente. Il était à la fois la marque de la sainteté[1] des échanges et la reconnaissance d'un droit rendu à ceux qu'on en avait privés.

Le proverbe en question est bien sûr un souvenir de cet ancien usage. Mais comment le sens a-t-il pu se transformer au point qu'il dise aujourd'hui tout le contraire de ce qu'il voulait dire autrefois ? Cette contradiction reste inexplicable. Observons seulement que la mauvaise réputation des couteaux, comme cadeaux d'amour ou d'amitié, leur vient sans doute de leur propriété tranchante, et parce qu'ils coupent le lien qu'ils devraient resserrer. S'ils le resserraient autrefois, c'est qu'ils avaient pris la place du glaive[2] sur lequel ou par lequel on contractait une alliance ou on prêtait serment de fidélité[3].

1. Caractère de ce qui est saint, juste, bon. – 2. L'épée. – 3. Jurer de rester fidèle.

**1.** Retrouvez les expressions qui signifient :

la célébrité, la renommée : .................................... coupant : ....................................

passer un contrat avec quelqu'un : ....................................

**2.** Avant le XVe siècle, quel était le symbole de la sainteté d'un échange ?

....................................

**3.** Quel est le proverbe qui a changé de sens entre le XIIe siècle et le XVIe siècle ?

....................................

**4.** Expliquez le sens des deux proverbes qui forment le titre de ce texte.

....................................

# Grammaire

**7** **Conjuguez le verbe en choisissant le mode approprié (indicatif ou subjonctif).**

**1.** Karim a beaucoup plus d'amis que tu ne le *(croire)* ....................................

**2.** C'est bien la seule chose à laquelle tu *(croire)* ................................ encore.

**3.** C'est l'orage le plus violent qu'on *(subir)* ................................ depuis dix ans.

**4.** Je n'ai jamais connu une amitié qui *(être)* ................................ plus sincère que la nôtre.

**5.** C'est l'histoire d'une très belle amitié qui *(fleurir)* ................................ entre un vieux monsieur et une petite fille.

**6.** C'est bien le moindre des services que je *(pouvoir)* ................................ vous rendre.

**8** **Complétez avec « ce » + le relatif qui convient.**

**1.** L'avenir de notre planète, c'est ................................ on devrait penser plus souvent.

**2.** On ne peut jamais prévoir tout ................................ va se produire.

**3.** Un peu de courage, c'est ................................ Stéphanie attend de toi.

**4.** Une petite maison à la campagne, c'est ................................ Joseph rêvait depuis longtemps.

**5.** Il faudrait que tu m'expliques ................................ ce dessin correspond.

**6.** Je ne sais pas ................................ il faut se méfier le plus  chez Serge.

**9** **Indiquez le sens de « sinon » dans les phrases suivantes (*sauf, si ce n'est, et même peut-être*, ou *autrement*).**

**1.** Il faut travailler, sinon par goût, au moins par désespoir. (C. Baudelaire) ................................

**2.** Elle n'avait pas encore quitté Paris, sinon elle serait repassée par le Foyer pour prendre ses valises. (J.-P. Sartre) ................................

**3.** C'était un galant homme sinon qu'il était quelque peu paillard[1]. (F. Rabelais) ................................

**4.** On ne jouit de rien sinon de soi-même. (J.-J. Rousseau) ................................

**5.** Ceux qui s'aiment ont une grande chance. [...] Ils s'aiment comme on respire... sinon comment peut-on vivre ? (N. Sarraute) ................................

**6.** Ne croyez pas à l'insouciance. L'insouciance tient à la résignation, sinon au désespoir. (H. de Balzac) ................................

1. Qui aime faire la fête et boire de l'alccol

**10** **Complétez avec la bonne terminaison.**

**1.** Il faut que tu conclu... rapidement ton exposé. **2.** Les accords qu'ils ont conclu... sont stricts. **3.** Je conclu... en vous disant : profitez-en. **4.** Il conclu... son discours sous un tonnerre d'applaudissements. **5.** Qu'est-ce que j'ai ri... pendant ce film ! **6.** J'aimerais tellement qu'il ri... un peu plus souvent ! **7.** Il ri... comme un fou. **8.** Ça m'énerve qu'ils ri... comme ça, sans raison. **9.** Souviens-toi de toutes les choses que tu as réussi... **10.** Il réussi... tout ce qu'il entreprend.

# Civilisation

**11** **Lisez la présentation de Montaigne puis répondez aux questions (vrai ou faux).**

Michel de Montaigne est né le 28 février 1533 à Bordeaux. C'est le fils d'un riche marchand qui est devenu noble en achetant la terre de Montaigne dans le Périgord. L'enfant reçoit une éducation poussée : parlant déjà couramment le latin, il entre à 6 ans au collège où il apprendra le français, le grec, la rhétorique et le théâtre. Entre 1548 et 1554, il fait des études de droit. Il devient conseiller au parlement de Bordeaux à partir de 1557.

C'est là qu'il rencontre Étienne de la Boétie, lui aussi conseiller au parlement de Bordeaux, dont il avait apprécié *le Discours de la servitude volontaire*, écrit en 1549. La conformité d'humeur et de pensée des deux hommes en fait bientôt des amis inséparables. Mais, hélas! Étienne de la Boétie meurt de la peste le 18 août 1563. En 1570, Montaigne laisse sa charge de conseiller au parlement et s'occupe de la publication des œuvres de La Boétie.

Il commence à écrire les *Essais* en 1572. Atteint en 1578 d'une grave maladie, il lit beaucoup. Il voyage en France, en Suisse et en Italie. Il est encore en Italie lorsqu'il est élu maire de Bordeaux en 1581. Il participe à la vie du royaume de France et passe les dernières années de sa vie à compléter les *Essais*; il meurt en 1592.

Les *Essais* sont une œuvre unique dans la littérature française: l'auteur a pour projet de se peindre comme témoin de «l'humaine condition». Il ne s'agit pas de se livrer tout connu, mais de se connaître. Cette œuvre est donc constituée de séries d'expériences, de jugements, de réflexions.

|  | V | F |
|---|---|---|
| **1.** Michel de Montaigne est un auteur français du XVIIe siècle. | ☐ | ☐ |
| **2.** C'était un homme très cultivé, qui a fait de solides études. | ☐ | ☐ |
| **3.** Il rencontre Étienne de La Boétie au parlement de Paris. | ☐ | ☐ |
| **4.** Étienne de La Boétie meurt du choléra le 18 août 1563. | ☐ | ☐ |
| **5.** Dans les *Essais*, Montaigne a pour projet d'apprendre à se connaître. | ☐ | ☐ |
| **6.** Il a écrit les *Essais* en trois ans. | ☐ | ☐ |

**12** **Lisez maintenant cet extrait des *Essais*, dans lequel Montaigne évoque son amitié avec Étienne de La Boétie et répondez aux questions.**

Ce que nous appelons ordinairement amis et amitiés, ce ne sont qu'accointances et familiarités[1] nouées par quelque occasion ou commodité[2], par le moyen de laquelle nos âmes s'entretiennent. En l'amitié de quoi je parle, elles se mêlent et confondent l'une en l'autre, d'un mélange si universel qu'elles effacent[3] et ne retrouvent plus la couture qui les a jointes. Si on me presse de dire[4] pourquoi je l'aimais, je sens que cela ne se peut exprimer qu'en répondant: «Parce que c'était lui, parce que c'était moi.»

[…] Nous nous cherchions avant de nous être vus […] Nous nous embrassions par nos noms. Et à notre première rencontre, qui fut par hasard en une grande fête et compagnie de ville, nous nous trouvâmes si pris, si connus, si obligés entre nous, que rien dès lors ne nous fut si proche que l'un à l'autre.

M. de Montaigne, *Essais* (1580-1595), livre 1er, chapitre 28.

1. Des relations amicales de tous les jours. – 2. Ce qui est utile, avantageux. – 3. Gommer, enlever une trace. – 4. (vieilli) Demander à quelqu'un de dire quelque chose.

**1.** Quel mot remplace «elles» dans «elles se mêlent», «elles effacent»? ....................

**2.** Relevez les expressions qui montrent la force de cette amitié.
....................

**3.** Comment expliquez-vous cette expression restée célèbre en France et qui cherche à expliquer les raisons de cette amitié: «Parce que c'était lui, parce que c'était moi.»
....................
....................

**4.** Quelles sont «les amitiés célèbres» dans votre pays?
....................
....................
....................

# Toutes folles de lui : le monde des fans

## Compréhension et expression orales

**1** Commentez ces photos, prises lors d'un festival des Vieilles Charrues, à Carhaix en Bretagne. Utilisez les mots suivants : *un concert, un regard, un sourire, un univers, une émotion, le rythme, cinglé, partager, paniquer, par cœur, comme si.*

## Phonétique, rythme et intonation

**2** 🎧 Écoutez et indiquez au moyen d'un trait les unités rythmiques dans les phrases suivantes. Dites combien on entend de syllabes dans chaque unité rythmique.

**1.** C'est l'histoire d'un écrivain obscur qui finit par se suicider en se jetant par la fenêtre. ................

**2.** C'est plutôt angoissant comme histoire… ........................

**3.** Tu as rendez-vous demain avec ton psychiatre ? ........................

**4.** Moi, je suis cadre dans une grande entreprise. ........................

## Phonie-graphie

**3** 🎧 Écoutez et écrivez. Attention, il n'y a qu'une seule manière d'écrire chaque phrase.

**1.** C'est Sandra ........................................., la pièce de théâtre.

**2.** C'est Sandra ......................................... pour la pièce de théâtre.

**3.** C'est le disque ......................................... à des millions d'exemplaires.

**4.** C'est toi ........................................., ce disque !

# Compréhension et expression écrites

**4** **Lisez cette interview et répondez aux questions.**

Depuis toujours passionné de rock, Rémi Bouet a consacré sa vie à ses idoles : les Rolling Stones, Serge Reggiani dont il rédige la biographie en 2003 (*Un enfant de mon âge*) et surtout Johnny Hallyday à qui il consacre une première biographie en 1999 intitulée *Johnny Hallyday, une vie*, ouvrage qui renaît dans une nouvelle présentation en 2005 : *Johnny, de l'idole à la légende.*

*Comment avez-vous eu l'idée de réaliser ce livre original ?*

L'idée du livre m'est venue lors d'une signature à Aix-en-Provence en octobre 2003. Je signais avec Serge Reggiani sa biographie que nous avons écrite ensemble, *Un enfant de mon âge*. En me baladant dans la librairie, je suis tombé sur un livre consacré à John Lennon conçu également avec des documents. Ça a été immédiatement une évidence. C'est le livre qui manquait sur Johnny !

*Les documents reproduits en fac-similé[1] étaient-ils difficiles à trouver ?*

Les documents étaient assez faciles à trouver car je collectionne pas mal. Par contre, les droits de reproduction ont été un véritable travail (retrouver les ayant droits, les photographes…) qui a été accompli par Jack Marchal.

*Est-ce que Johnny a travaillé avec vous pour faire ce livre ?*

Johnny a aimé le concept et il a pour habitude de laisser les gens travailler sur leurs projets. Il m'a fait l'amitié de me dire qu'il trouvait le livre formidable et l'a défendu lui-même à l'émission des Miss France et d'autres émissions qui seront bientôt diffusées.

*Quel est le document qui a été le plus difficile à trouver ?*

Le document le plus compliqué, notamment pour retrouver les ayant droits, est la BD «Johnny»

*Depuis quand êtes-vous un passionné de Johnny Hallyday ?*

J'aime Johnny l'artiste depuis l'âge de 11 ans. Et mon plus beau cadeau, c'est qu'aujourd'hui j'ai la chance de le connaître ; je trouve l'homme aussi formidable que l'artiste.

*Que représente-t-il pour vous ?*

L'apanage[1] des très grands ! Johnny, au-delà d'être un artiste, est un peu le miroir d'une France qui, depuis 45 ans, a grandi, aimé, souffert avec lui. C'est le témoin privilégié de la vie de chaque Français. Le grand frère, le cousin, l'ami, le confident qu'on aimerait avoir.

http://www.linternaute.com, décembre 2005

1. La reproduction exacte d'un écrit, d'un dessin. – 2. Ce qui est propre à quelqu'un, personnel à quelqu'un

Retrouvez les mots qui signifient :

un livre : ...................................... tout de suite : ......................................

quelque chose de sûr, de certain : ...................................... une idée : ......................................

**2.** Les livres de Rémi Bouet sont-ils des fictions ? Justifiez votre réponse.

..................................................................

**3.** Pourquoi l'écrivain a-t-il écrit un deuxième livre sur Johnny Hallyday ?

..................................................................

**4.** Quelle est l'originalité de cette seconde biographie ?

..................................................................

**5.** Quelles sont les qualités de l'homme Johnny Hallyday aux yeux de l'écrivain ?

..................................................................

**5** **Formez les adverbes qui correspondent aux adjectifs suivants. (vérifiez dans votre dictionnaire, il y a des pièges dans la deuxième colonne) :**

chaleureux : ...................................... obscur : ......................................

sauvage : ...................................... gentil : ......................................

fier : ...................................... spontané : ......................................

médiocre : ...................................... passionnant : ......................................

**6** **Complétez le texte avec les mots de la liste suivante. Accordez les adjectifs et conjuguez les verbes si c'est nécessaire.**
*Sourire, courage, conquérir, prouver, chaleureusement, combat, arracher, médiocre.*

Après un rude _____ contre son adversaire au cours duquel le coureur Philippe Thilar a dû déployer tout son _____, il _____ la victoire avec seulement 45 secondes d'avance sur le deuxième concurrent. Ce coureur, aux performances jusqu'à présent assez _____, vient de _____ brillamment qu'il était capable d'entrer dans la cour des grands. Son_____, lorsqu'il a reçu la médaille d'or, _____ tout le public qui l'a _____ applaudi.

# Grammaire

**7** **Remettez les phrases en ordre.**

**1.** jamais – nous – Promets – nous – que – plus – ne – quitteras – tu

**2.** ces – entendu – Personne – étranges – n' – parler – a – jamais – de – plus – aveugles

**3.** personne – jamais – n' – gens-là – partagé – avec – Ces – ont – rien

**4.** personne – ne – jamais – pour – toute – Pendant – rien – longtemps, – il – fit

**5.** ni – m' – faire – je – personne – ce – empêchera – rien – Jamais – veux – que – ne – de

**6.** personne – Paul – un – qui – n'- prouvé – inspecteur – est – médiocre – à – jamais – a – rien

**8** **Dans les phrases suivantes, complétez avec « ça » ou « cela ».**

**1.** Les cheveux coupés comme _____, qu'est-ce que _____ te change! C'est incroyable!
**2.** Armand rentrait de plus en plus tard et trouvait le moyen de lui faire reproche sur reproche. Elle subit _____ pendant un mois.
**3.** Dans votre dernier courrier, vous me disiez que vous aviez la nostalgie de tous ces moments partagés lors de mon séjour à Sedan._____ m'a profondément touchée.
**4.** René a quitté la maison de retraite!? Tu en es sûr? _____ m'étonnerait!
**5.** Vous avez demandé une place dans notre maison de retraite mais je regrette de vous annoncer que _____ est absolument impossible.
**6.** Plus jamais _____! Ne refais plus jamais _____! Tu as compris?

**9** **Complétez avec un adjectif ou un participe présent.**

**1.** Le personnel _____ est prié de rejoindre le capitaine. Le personnel _____ sur ce bateau est très discret. *(naviguant – navigant)*
**2.** Ce voyage _____ les conduisit jusqu'à la frontière italienne. Ce voyage, _____ surtout les plus jeunes, les conduisit jusqu'à la frontière italienne. *(fatiguant – fatigant)*

**3.** Tu te souviens du principe des vases ........................... ........................... de moins en moins souvent, ils n'avaient plus que peu de choses à se dire. *(communiquant – communicants)*

**4.** Il se redressa, ..........................., et arracha la lettre des mains de son père. Il se redressa, ........................... son père, et lui arracha la lettre des mains. *(provoquant – provocant)*

# Civilisation

**10** **Lisez le document et répondez aux questions.**

## LE TOP 50 DES PERSONNALITÉS

Environ deux fois par an, l'institut de sondage Ifop réalise un sondage pour le *Journal du Dimanche*, intitulé le top 50 des personnalités. Une enquête est menée auprès d'un millier de personnes, représentatives de la population française âgée de 15 ans et plus. Les interviewés ont à choisir dans une liste de 50 noms de personnalités françaises, les 10 personnalités qui comptent le plus pour eux ou qu'ils aiment le mieux. Outre un classement général, l'institut Ifop propose aussi le top des hommes, le top des femmes, le top des jeunes (15-24 ans), le top des anciens (65 ans et plus), le top de la droite et le top de la gauche !

Voici les résultats du top des jeunes en juillet 2006

1. Zinédine Zidane footballeur
2. Jamel Debbouze, comédien, humoriste
3. Thierry Henry, footballeur
4. Franck Ribéry, footballeur
5. Jean Dujardin, comédien, humoriste
6. Diam's, chanteuse de rap
7. Fabien Barthez, footballeur
8. Jean Reno, comédien
9. Franck Dubosc, comédien, humoriste
10. Corneille, chanteur

**1.** À votre avis, quel est le public de Johnny Hallyday ?

........................................................................

**2.** Dans quelles valeurs se reconnaissent les jeunes Français ? Comment l'expliquez-vous ?

........................................................................

## LE PHÉNOMÈNE JAMEL

**11** 🎧 **Écoutez cette présentation de Jamel Debbouze et répondez aux questions.**

**1. Vrai ou faux ?**

| | V | F |
|---|---|---|
| **a.** Les parents de Jamel Debbouze sont algériens. | ❏ | ❏ |
| **b.** Jamel Debouzze a grandi en banlieue parisienne. | ❏ | ❏ |
| **c.** Le comédien a fait de la radio. | ❏ | ❏ |
| **d.** Il devient célèbre grâce à la chaîne de télévision T.F.1. | ❏ | ❏ |
| **e.** Le film *Indigènes* évoque les soldats nord-africains de la Première Guerre mondiale. | ❏ | ❏ |
| **f.** Il a reçu un prix d'interprétation au 59e festival de Cannes. | ❏ | ❏ |
| **g.** Il est en 8e position du classement général du top 50 de juillet 2006 | ❏ | ❏ |

**2.** Quelles sont les raisons de la popularité de Jamel Debouzze ?

........................................................................

# La planète sports

## Compréhension et expression écrites

**1** 🎧 **Écoutez le document suivant et répondez aux questions.**

**1.** Qu'est-ce qu'une revue de presse ?

...........................................................................................................

**2.** Parmi les journaux suivants, entourez ceux qui sont cités
*Le Monde – Le Journal du Dimanche – Le Parisien – L'Équipe – Le Figaro - Libération – Le Dauphiné Libéré – La Marseillaise – Le Midi Libre – Corse-Matin – Ouest-France – La Voix du Nord – L'Est Républicain*

**3.** Quel évènement concerne le gros titre des journaux du dimanche 9/07/06 ?

...........................................................................................................

**4.** À votre avis, «la presse dominicale», c'est :

❏ la presse du jour ❏ la presse du dimanche ❏ la presse qui domine

**5.** Pourquoi la plupart des titres évoquent-ils les étoiles ?

...........................................................................................................

**6.** Quel est le journal sur lequel le drapeau tricolore apparaît ? .........................................

**7.** Pourquoi le titre de *La Dépêche du Midi* est-il un peu provocant ?

...........................................................................................................

**2** **En vous aidant de ces photos, de ces titres de presse et des deux extraits d'articles du lundi 7/08/06, amusez-vous à faire une revue de presse. Utilisez les mots suivants:** *un exploit – la vitesse – imaginer – soulever l'enthousiasme de – triomphant – au-delà de.*

**LE COULOIR DE LAURE**
*Le Journal de la Haute Marne*

**EXCEPTIONNEL!**
*L'Est Républicain*

**MANAUDOU TRIOMPHE**
*La Dépêche du Midi*

**MANAUDOU, UNE FILLE EN OR POUR LES BLEUS**    *Le Petit Journal*

**SUPER MANAUDOU** bat son propre record du monde
*La Voix des Sports*

**LAURE MANAUDOU REPOUSSE LES LIMITES**
*Libération*

### Manaudou sacrée reine de Budapest

Elle est décidément irrésistible. Repoussant toujours ses limites. Un privilège réservé aux champions. Les seuls capables de faire chuter les murs tout en pénétrant dans la légende par la grande porte. Laure Manaudou fait définitivement partie de cette catégorie-là.
Pour l'éternité.

T. Danancher,
*Le Figaro*, 7/08/06

## Manaudou dans son monde

Elle aura été la grande dame de ces championnats d'Europe de natation qui se sont conclus dimanche à Budapest. Tout simplement époustouflante, Laure Manaudou aura marqué l'histoire de la natation française et internationale. Allant au-delà de ses limites, la nageuse de Melun a livré un véritable récital, marqué par 7 médailles, dont quatre titres individuels et un record du monde sur 400 m libre.

P.G. Huot, *Le Nouvel Observateur*, 07/08/06

— Bonjour. Ce matin, tous les journaux...

# Phonétique, rythme et intonation

**3** 🎧 **Écoutez les phrases suivantes et précisez pour chacune d'elle si elle est dite avec l'intonation de la colère (C), de l'encouragement (E), de l'admiration (A) ou de la surprise (S).**

**1.** ............. **2.** ............. **3.** ............. **4.** ............. **5.** ............. **6.** ............. **7.** ............. **8.** ............. **9.** ............. **10.** .............

# Compréhension et expression écrites

**4** **Lisez le texte suivant et répondez aux questions.**

Depuis quelques années le Conseil Général de la Somme organise la soirée des talents du sport. Il s'agit de récompenser des athlètes, des dirigeants ou des éducateurs qui se sont illustrés dans leur carrière ou tout simplement dans l'année. Le Conseil Général invite aussi un sportif de renom à parrainer cette soirée. Après Laura Flessel et Christine Aron, après Daniel Constantini, c'était au tour de Bernard Laporte d'effectuer le déplacement d'Amiens. On le sait, la Picardie n'est pas une terre de rugby, mais à chaque fois qu'il le peut, le patron du rugby français n'hésite pas à venir porter la bonne parole et à réaffirmer sa passion pour le sport dans lequel il a grandi. [...]

L'entraîneur du XV de France regrette que l'enseignement du sport à l'école soit quasiment nul en France : «Dans les pays anglo-saxons, le sport est enseigné à l'école et il a donc d'autres valeurs et d'autres vertus que chez nous. En France, pour faire du sport, il faut se rendre dans un club et effectuer ainsi une démarche. Par exemple, en Angleterre, on ne pratique le rugby que dans les collèges et les lycées. Il n'y a pas de club jusqu'à 19 ans. C'est pareil en Afrique du Sud. Avec l'équipe de France j'y suis allé en juin dernier. A Durban, dans une école, il y avait 1 500 élèves qui jouaient au rugby et ce à raison de 2 heures chaque après-midi. Vous le voyez la valeur du sport en France n'est pas du tout la même. C'est ce que je regrette chez nous. Le sport n'a pas la place qu'il doit avoir. Le sport n'est pas valorisé. Les profs vous poussent à faire des maths. J'ai l'impression que plus on veut rendre les jeunes intelligents et plus on les rend cons[1]. C'est un problème d'organisation et de culture. Nous n'avons pas de vraie culture sportive et en France on fait du sport par procuration».

http://www.ovacam.asso.fr (Office de la Vie Associative et culturelle d'Amiens Métropole), juin 2006

1. Stupide, bête (argot).

**1.** Qui est Bernard Laporte ?

...................................................................................................................

**2.** Pourquoi s'est-il rendu au Conseil Général de la Somme ?

...................................................................................................................

**3.** Le département de la Somme fait partie de quellerégion ? ...........................................

**4.** Que reproche Bernard Laporte à l'enseignement du sport à l'école ?

...................................................................................................................

Pensez-vous, comme Bernard Laporte, que l'enseignement sportif à l'école est insuffisant en France? (Voici les horaires hebdomadaires: 4 heures en 6ᵉ, 3 heures de la 5ᵉ à la 3ᵉ, 2 heures au lycée). Pourquoi? ...................

# Grammaire

**5** **Dans les phrases suivantes, dites si la préposition «en» indique la manière, le moyen, le lieu, ou le temps.**

**1.** C'était impressionnant, cette foule qui avançait en silence! ...................

**2.** En classe, on ne l'entend jamais! Ce n'est pas comme à la maison! ...................

**3.** Je ne veux pas perdre de temps dans les embouteillages! Je préfère aller à Paris en train plutôt qu'en voiture. ...................

**4.** Tu ne vas pas aller au mariage de Sarah et de Jérémy en short, voyons! ...................

**5.** Moi, en bateau, je suis toujours malade, même quand la mer est calme. ...................

**6.** Il a tout rangé en cinq minutes et il est parti sans dire un mot. ...................

**7.** Il n'habite plus en province depuis longtemps. ...................

**8.** Stella est restée en admiration devant une peinture de Renoir. ...................

**6** **Imaginez des questions pour ces réponses.**

**1.** ...................?
Non merci, j'en ai assez mangé; elles étaient délicieuses!

**2.** ...................?
Oui, j'en ai été informé par sa fille; mais elle m'a dit qu'il ne resterait pas longtemps à l'hôpital.

**3.** ...................?
Oui, Monsieur, je m'en suis occupée. Tout a été posté à deux heures.

**4.** ...................?
On en a récupéré quelques uns! Ils se sont abîmés dans la cave de grand-mère; mais je pense qu'on pourra en accrocher un ou deux au salon.

**5.** ...................?
Bien sûr que j'en ai tenu compte: je les ai plantées dans un endroit pas trop ensoleillé et je les arrose tous les jours, comme tu me l'as dit; regarde, elles sont splendides!

**6.** ...................?
Non, je n'en ai pas besoin; tu peux la prendre. J'irai au bureau à pied ou en bus, je ne sais pas.

**7** **Dites la même chose en utilisant une double négation.**

**1.** On est obligés de gagner ce match si on veut continuer le championnat.

**2.** Il est bien possible que nous allions vivre sur une autre planète, un jour.

**3.** Ce footballeur est certainement très adroit avec le ballon, mais il ne respecte pas toujours les règles!...

**4.** Il est interdit de marcher sur les pelouses. Vous le savez parfaitement!

**5.** Téléphone à Soufiane ; il voudra peut-être se joindre à nous pour faire un cadeau à Leïla.

...................................................................................................................................

**8** **Récrivez les phrases en suivant les règles de concordance des temps.**

**1.** Il pense que Sophie s'est bien entraînée, qu'elle est en excellente condition physique, qu'elle a un moral d'acier et qu'elle gagnera sans aucun doute la compétition.

Il pensait que ....................................................................................................................

...................................................................................................................................

**2.** En la voyant tomber, Armand comprend aussitôt qu'Aurélia s'est fait très mal, qu'elle ne pourra pas se relever et qu'il vaut mieux appeler les secours.

En la voyant tomber, Armand comprit aussitôt...........................................................

...................................................................................................................................

**3.** Arthur estime qu'il a consacré assez de temps à sa famille, que ses enfants n'ont plus besoin de lui et qu'il peut maintenant s'occuper un peu de lui.

Arthur a estimé ..................................................................................................................

...................................................................................................................................

**4.** Marine me dit qu'elle ne sait pas si elle viendra avec nous et que de toutes façons, elle n'en a pas très envie.

Marine m'a dit ....................................................................................................................

...................................................................................................................................

**5.** Jean annonce que tout s'est bien passé, qu'il est quand même un peu fatigué et qu'il rentrera dès qu'il le pourra.

Jean annonça ......................................................................................................................

...................................................................................................................................

# Civilisation

**9** 🎧 **Écoutez ce document et répondez aux questions.**

## LA FRANCE SPORTIVE

**1. Vrai ou faux ?**

|  | V | F |
|---|---|---|
| 1. 36 millions de Français font du sport au moins une fois par semaine. | ☐ | ☐ |
| 2. La marche et la natation sont les sports les plus populaires. | ☐ | ☐ |
| 3. Les Français pratiquent plus la pétanque (le jeu de boules) que la gymnastique. | ☐ | ☐ |
| 4. 63 % des activités sportives ont lieu en pleine nature. | ☐ | ☐ |
| 5. Les Français font du sport parce qu'ils aiment la compétition. | ☐ | ☐ |
| 6. 21 % de femmes pratiquent le hand-ball. | ☐ | ☐ |
| 7. Avant 1996, les femmes ne pouvaient pas pratiquer officiellement le foot. | ☐ | ☐ |

**2.** Pourquoi peut-on dire que les activités physiques et sportives ont une place assez importante dans la société française, sachant que la France compte actuellement 62, 9 millions d'habitants ?.......................................................................................................

**3.** Citez quatre motivations pour faire du sport. ...............................................................

**4.** Pourquoi, en France, les femmes sont-elles moins nombreuses à faire du sport que les hommes ?..........................................................................................................................

**5.** Et dans votre pays ?... Quels sont les sports les plus pratiqués ? Le sport a-t-il une place importante dans la vie quotidienne ? Y a-t-il des sports féminins et des sports masculins ? Lesquels ?...........................................................................................................................

# Comment finissent parfois les plus belles histoires d'amour

## Compréhension et expression orales

**1** 🎧 **Écoutez ce document radiophonique et répondez aux questions.**

**1.** De quel type de document s'agit-il ? .......................................................................

**2.** Quel est le titre du spectacle ?

❏ Je m'appelle Thérèse  ❏ Personne s'appelle Thérèse  ❏ Personne ne s'appelle Thérèse

**3.** Résumez l'histoire du spectacle. ...............................................................................

.....................................................................................................................................

**4.** Le metteur en scène de ce spectacle est un homme ou une femme ? ......................

**5.** Le journaliste critique a-t-il aimé ce spectacle ? Justifiez votre réponse.

.....................................................................................................................................

.....................................................................................................................................

**6.** Jusqu'à quand est-il possible de voir ce spectacle ? ................................................

**2** **Décrivez et commentez ce dessin humoristique du journal *Le Parisien* (7/01/2007) pour illustrer un article qui a pour titre : « Ils n'ont pas la même religion, mais ils s'aiment ».**

**1.** Voici le texte de présentation de l'article :

« Catholiques, musulmans, juifs, protestants… En France, ils sont de plus en plus nombreux à franchir les barrières religieuses pour former des « couples mixtes ». Une étude, auprès de 50 couples, révèle leurs forces et leurs difficultés. »

— Au premier plan, on voit un couple qui traverse un parc….

## Phonétique, rythme et intonation

**3** 🎧 **Écoutez et soulignez les éléments mis en relief dans les phrases suivantes. Pour chaque phrase, essayez de préciser comment les mots ont été mis en relief. (l'articulation est plus précise et on parle moins vite, l'intonation est différente, on fait une pause avant et après les éléments mis en relief)**

**1.** Je suis l'avant-dernière d'une famille de cinq enfants. Tous mes frères et sœurs étaient mariés avec des Turcs musulmans, mes parents ne pouvaient pas penser qu'il en soit autrement pour moi. ........................................................................................................................

**2.** Les couples mixtes, ça ne marche jamais. Il y a trop de différences entre les cultures.

................................................

**3.** Cela pose tous les problèmes du monde! Nous nous sommes mariés à la mairie, civilement, en faisant très attention d'avoir des témoins des deux religions. ................................................

# Compréhension et expression écrites

**4**  **Lisez l'interview et répondez aux questions.**

ISABELLE LÉVY, spécialiste des religions, auteur de *Vivre en couple mixte – Quand les religions s'emmêlent…*

*Est-ce plus facile qu'avant d'épouser quelqu'un d'une autre confession?*

**Isabelle Lévy.** C'est plus fréquent et moins tabou qu'il y a trente ans. Seule une petite minorité de personnes très pieuses s'interdisent aujourd'hui de tomber amoureux d'une personne de confession[1] différente. Toutes les autres courent plus ou moins ce risque. Mais la cohabitation religieuse entre deux pratiquants reste très compliquée. Les religions ne sont pas faites pour qu'on se mélange. […]

*Quelles sont les principales difficultés?*

La mise en couple, la rencontre des familles. Le mariage, les enfants et même le décès : toutes les étapes sont plus compliquées. Souvent ça explose avant l'arrivée des enfants. Un jour, on se rend compte que la personne ne mange pas la même chose que nous au restaurant, qu'elle est attachée à[2] des fêtes qui n'ont pas de sens pour nous. Les couples se fâchent pour d'apparents détails : le jambon dans le chariot, le vin quand on invite les amis, les offrandes au petit temple bouddhiste dans le salon… en voyage, c'est facile de se conformer à des rites, un langage, une nourriture qui ne sont pas les nôtres. Mais au quotidien, chez vous, toute la vie…

*Quand ces tiraillements sont dépassés, c'est gagné?*

Chez tous, c'est un dialogue de chaque instant, une remise en cause permanente. Si la famille et la société ne font pas trop pression, en général ça tient. Le mariage est l'étape cruciale. À tel point que beaucoup refusent de se marier : puisque le mariage religieux leur est souvent interdit, pour eux ça n'a pas de sens… Et ils redoutent la confrontation des deux clans, les faux pas[3], les tensions. Ensuite, c'est l'arrivée des enfants qui bouscule. Quels prénoms leur donner? Dans quelle religion les élever? Beaucoup leur disent «vous déciderez plus tard», mais il arrive souvent que la religion du plus pratiquant des deux s'impose et que cela blesse l'autre. Même les funérailles peuvent poser problème : les carrés confessionnels ne permettent pas de se faire enterrer ensemble… finalement, ceux qui résistent font de cette capacité à surmonter les difficultés l'essence même de leur couple.

Propos recueillis par F.D. *Le Parisien*, 07/01/07.

1. Ici, une religion.– 2. Aimer quelque chose ou quelqu'un. – 3. Une erreur.

**1.** Retrouvez dans le texte les expressions équivalentes de :

chercher à convaincre quelqu'un, le forcer : ................................................

les deux familles : ................................................

un moment très important : ................................................  être le plus fort : ................................................

**2.** «Se mêler de quelque chose» signifie : s'occuper de quelque chose, intervenir. Le verbe «s'emmêler» signifie : se mélanger. Quel jeu de mots l'auteur a-t-elle fait dans la deuxième partie du titre de son livre? (pour vous aider, conjuguez «s'en mêler»)

................................................

................................................

**3.** Relisez les documents de la leçon dans le livre de l'élève. Quels sont les points communs entre les mariages entre personnes de nationalités différentes et ceux entre personnes de religions différentes ?

...................................................................................................................................................

**4.** Pourquoi beaucoup de couples de religions différentes ne se marient-ils pas ?

...................................................................................................................................................

...................................................................................................................................................

**5.** Quel problème se pose à la mort des époux de religions différentes ?

...................................................................................................................................................

...................................................................................................................................................

**5** Leïla, Française d'origine marocaine et de confession musulmane est mariée depuis 6 ans avec Simon, Français d'origine et de confession catholique. Ils ont deux enfants. En vous aidant du texte précédent, imaginez la lettre que Leïla écrit à une de ses amies françaises, Léna, pour lui annoncer la naissance de son deuxième enfant : Léïna.

# Grammaire

**6** **Complétez les phrases avec le verbe *laisser* ou *faire*, conjugué au mode et au temps qui conviennent.**

**1.** Mon fauteuil Louis XV s'abîme ; il faudrait que je le .......................... réparer. **2.** Tes enfants sont assez grands maintenant ; ..........................-les donc vivre leur vie ! **3.** Vous mettez votre plat au four, thermostat 6, et vous le .......................... cuire 40 mn. **4.** Tes enfants ont besoin de se reposer, ne leur .......................... pas faire autant d'activités le mercredi, ..........................-leur le temps de respirer un peu ! **5.** Je n'avais pas beaucoup de temps donc j'.......................... faire mon jardin par un paysagiste. J'ai choisi les plantes avec lui, par contre, je lui .......................... une liberté totale pour les disposer. **6.** ..........................-moi te dire une dernière chose : il faut .......................... du temps au temps, il ne faut rien précipiter.

**7** **Récrivez les phrases suivantes en utilisant« se faire » avec la construction qui convient.**

**1.** Vous trouvez que les bonnes émissions sont de plus en plus rares à la télé ?

...................................................................................................................................................

**2.** Je commence à avoir une idée assez précise de la maison que je veux acheter.

...................................................................................................................................................

**3.** Il va dans tous les endroits à la mode : il aime qu'on l'y voie.

...................................................................................................................................................

**4.** Ne restez pas comme ça ! Allez voir un médecin, il vous soignera !

...................................................................................................................................................

**5.** Je crois que je ne m'habituerai jamais à ta façon de me regarder.

...................................................................................................................................................

**6.** Pourquoi tu ne veux pas qu'Adèle t'accompagne jusqu'à l'aéroport ? Tu gagnerais du temps.

...................................................................................................................................................

**8** **Dans quelles phrases le « ne » est-il explétif ?**

**1.** Elle découvrit avec un plaisir mêlé d'étonnement un endroit bien plus joli qu'elle ne l'imaginait. **2.** Je ne sais ce qu'il a dû faire pour en arriver là. **3.** Les agriculteurs ont eu peur que l'orage n'abîme les récoltes. **4.** Il faut que je te dise quelque chose avant que tu ne t'énerves. **5.** Il comprit à ce moment-là qu'il ne pouvait désormais se passer d'Alicia.

**9** **Complétez avec la terminaison qui convient : *-er, -ez, -é, -ée* ou *-és*.**

**1.** Utilis ...... de meilleurs arguments pour prouv ...... que vous n'êtes pas coupable ! **2.** Adrien n'a pas cess...... de râl ...... pendant tout le voyage. Il nous a tellement énerv ...... qu'on a fini par s'arrêt ...... pour lui donn ...... une fessée. Je t'assure qu'il l'avait mérit ......! **3.** Chacun peut contribu ...... à lutt ...... pour préserv ...... notre planète de la pollution. **4.** Au lieu de se valoris ......, Jérémie est pass ...... pour un imbécile et nous nous sommes tous moqu ...... de lui.

# Civilisation

**10** 🎧 **Écoutez cette présentation de Gustave Flaubert puis répondez aux questions.**

## GUSTAVE FLAUBERT

**1. Vrai ou faux ?**

|  | V | F |
|---|---|---|
| 1. Flaubert est un écrivain du XXe siècle. |  |  |
| 2. Ses deux muses sont Élisa Schlésinger et Louise Colet. | ☐ | ☐ |
| 3. Sa vie n'a pas été très heureuse. | ☐ | ☐ |
| 4. Le roman *L'Éducation sentimentale* est un succès. | ☐ | ☐ |
| 5. Flaubert est un écrivain réaliste. | ☐ | ☐ |

**2.** Parmi ces romans de Flaubert, soulignez ceux qui sont cités dans la présentation que vous avez entendue. *La Tentation de Saint-Antoine – Un cœur simple – Madame Bovary – Bouvard et Pécuchet – Salammbô – Mémoires d'un fou.*

**11** **Lisez maintenant cet extrait de *L'Éducation sentimentale* et répondez aux questions.**

*Frédéric Moreau, jeune bachelier, rencontre pour la première fois Madame Arnoux, à bord d'un bateau qui quitte Paris.*

« Ce fut comme une apparition :

Elle était assise, au milieu du banc, toute seule ; ou du moins il ne distingua personne, dans l'éblouissement que lui envoyèrent ses yeux. En même temps qu'il passait, elle leva la tête ; il fléchit involontairement les épaules ; et, quand il se fut mis plus loin, du même côté, il la regarda.

Elle avait un large chapeau de paille, avec des rubans roses qui palpitaient au vent derrière elle. Ses bandeaux noirs, contournant la pointe de ses grands sourcils, descendaient très bas et semblaient presser amoureusement l'ovale de sa figure. Sa robe de mousseline claire, tachetée de petits pois, se répandait à plis nombreux. Elle était en train de broder quelque chose ; et son nez droit, son menton, toute sa personne se découpait sur le fond de l'air bleu. »

**1.** Le mot apparition a plusieurs sens : 1. l'arrivée de quelqu'un ou de quelque chose. 2. la vision d'un être invisible qui se montre tout à coup sous une forme visible. Quel sens lui donnez-vous dans le texte ? Pourquoi ?

...........................................................................................................................

**2.** Quels éléments, dans cet extrait, montrent que Frédéric tombe amoureux de cette femme dès qu'il la voit ?

...........................................................................................................................

**3.** Comment s'exprime son trouble ?

...........................................................................................................................

# Y aura-t-il de nouvelles tours à Paris?

## Compréhension et expression orales

**1** 🎧 **Écoutez ce discours et répondez aux questions.**

**1.** Qui parle? Cochez la bonne réponse et justifiez-la.

❑ un architecte ❑ le maire d'une ville ❑ le ministre du Logement?

...................................................................................................................

**2.** À qui la personne s'adresse-t-elle? Justifiez votre réponse.

...................................................................................................................

**3.** Le thème du discours est «le programme de réaménagement urbain». Sans vous servir de votre dictionnaire, pouvez-vous expliquer ce que cette expression signifie?

...................................................................................................................

**4.** Le projet évoqué doit se réaliser en combien de temps? ..................................

**5.** Citez trois objectifs de ce programme. ..................................................

...................................................................................................................

**6.** Réécoutez la première partie du texte: expliquez l'expression «désenclaver les quartiers».

...................................................................................................................

**2** **Après les explications de l'architecte, le maire demande aux habitants de Cordelles s'ils ont des questions ou s'ils veulent intervenir. Le président du groupe opposé au maire prend la parole. Faites-le parler.**

**Utilisez les expressions suivantes:** *résoudre – remettre une question sur le tapis – défigurer – emplacements - réaliste.*

**Aidez-vous aussi des arguments suivants:**

• Le coût du projet et son financement (risque d'augmentation des impôts locaux (impôts de la ville), le risque de réduction des subventions aux différentes associations, le montant des subventions de l'État pas encore fixé)

• La défiguration de la ville, le problème des emplacements de parkings

• La présentation 10 ans avant d'un projet qui n'a jamais abouti.

— Monsieur le Maire, permettez-moi d'abord de remettre une question sur le tapis:

...................................................................................................................

...................................................................................................................

# Phonétique, rythme et intonation

**3** 🎧 **Lisez et écoutez les phrases suivantes. Cochez celles qui sont ironiques.**

**1.** Ah! C'est vraiment réussi! ❏   **2.** Ah! C'est vraiment réussi! ❏

**3.** Je suis content! Ravi même! ❏   **4.** Je suis content! Ravi même! ❏

**5.** Merci pour le service que tu m'as rendu! ❏   **6.** Merci pour le service que tu m'as rendu! ❏

**7.** Vous avez fait des merveilles! ❏   **8.** Vous avez fait des merveilles! ❏

# Compréhension et expression écrites

**4** **Lisez le texte suivant, regardez la photo et répondez aux questions.**

*Rêves d'architectes*

Pour ce projet à Liuzhu, deuxième centre industriel de la province du Guangxi, dans le sud de la Chine, le cabinet hollandais d'architectes MRDV a imaginé un urbanisme paysager réparateur. Les collines, qui ont fait l'objet d'une exploitation de carrières, sont en l'état actuel coupées en leur moitié. Les architectes proposent donc de combler les parties manquantes par des logements en escalier qui épousent les sinuosités des pentes et recomposent ainsi la forme originale de ce magnifique site classé. Les appartements bénéficient d'une vue exceptionnelle sur la vallée tout entière.

L'architecture joue ici un rôle de cosmétique pour la nature et permet, grâce à une bonne densité, d'économiser l'espace.

Cyrille Poy, *Eurêka*, octobre 2006

**1.** Trouvez dans le texte les expressions qui signifient:

remplir: ....................... une ondulation, une courbe: .......................

**2.** Comment comprenez-vous l'expression: «un urbanisme réparateur»? Quelle autre expression du texte a le même sens? .......................

**3.** Quel est le problème de ce site naturel classé? .......................

**4.** Quelles sont les qualités de ce projet? .......................

**5** **Et si la banlieue de demain se déplaçait... sur la mer? Décrivez ces deux rêves architecturaux.**

Le projet de l'île d'Az (A pour Alsthom et Z pour Jean-Philippe Zoppini)

Accueil: 15 000 personnes, vitesse: 10 nœuds, longueur: 400 m, largeur: 300 m, hauteur: 78 m

Le projet du Freedom Ship. Accueil : 65 000 personnes, longueur : 1 400 m, largeur : 200 m, aéroport sur le toit

# Grammaire

**6** **Dans le texte suivant, relevez les termes qui désignent les personnes. Relevez aussi une anaphore conceptuelle (qui reprend une idée entière).**

Deux lycéens et un adulte, leur professeur d'économie, ont comparu hier devant le tribunal de grande instance de Metz pour un braquage digne d'un mauvais film. [...] Les faits remontent au 30 novembre. Ce jour-là, Jacky J., élève de terminale, accompagne à Sarrebourg Amélie M., 49 ans, la présidente du Club d'épargne la Familiale. Son père assure la vice-présidence de cette association de Lorquin, 2 000 habitants. Il s'agit de retirer les 53 000 € économisés pendant un an par les membres du club.
La voiture conduite par le jeune homme, avec sa passagère et l'argent à son bord, passe devant Jean L., 18 ans. Cet ami de Joël est chargé d'alerter, par téléphone, Charles Z., 41 ans, enseignant, marié, père de deux enfants. Quand le véhicule arrive à la hauteur du professeur, ce jour-là encagoulé, ce dernier le stoppe et oblige, arme au poing, Amélie M. à descendre. L'opération terminée, il repart avec l'argent. Un peu plus loin l'enseignant abandonne la voiture et oublie son téléphone portable sur le siège avant. Arrêter le trio sera alors un jeu d'enfant.

P.R. *Le Parisien*, 09/01/07

C. Z. : .................................
J. J. : .................................
J. L. : .................................
A. M. : .................................
J. J et J. L. : .................................
C.Z., J. J. et J.B. L. : .................................
Anaphore conceptuelle : .................................

**7** **Lisez le document de la rubrique « civilisation » page 84 et répondez aux questions.**
**1.** Relevez l'expression anaphorique qui désigne la banlieue dans le premier paragraphe. Est-elle négative ou positive ? Pourquoi ? .................................

**2.** Dans le troisième paragraphe, relevez les expressions anaphoriques désignant la banlieue. Évoquent-elles toutes la même idée ? Justifiez votre réponse. .................................

**3.** Dans les deux derniers paragraphes, quelles sont les expressions anaphoriques qui désignent la banlieue ? Sont-elles négatives ou positives ? .................................

**4.** Quelle idée générale reprend l'anaphore conceptuelle « les erreurs du passé », au début du 4e paragraphe ? .................................

# Civilisation

**8** **Lisez ce texte.**

## BANLIEUE : L'HISTOIRE D'UNE IMAGE…

Du XVIIIᵉ siècle aux années 1920, les maisons de campagne et les maraîchers peuplent la banlieue parisienne. C'est un peu le paradis accueillant et nourricier qui s'oppose à la ville bruyante et polluée et où les classes les plus aisées viennent respirer la pureté de l'air.

En 1936, avec les congés payés, elle ouvre ses portes aux ouvriers grâce au développement du rail et des gares en périphérie de Paris. Les classes modestes y achètent des lopins de terre où ils cultivent de petits potagers et construisent ensuite leur propre maison.

Après la Seconde Guerre mondiale, les destructions, la croissance de la natalité, la poursuite de l'exode rural[1] et l'arrivée en masse d'une main-d'œuvre étrangère nécessitent d'énormes besoins en logements. La banlieue, avec ses vastes espaces disponibles, apparaît comme la solution. En quelques années, la région parisienne va se couvrir d'immenses chantiers de construction. La nouvelle banlieue jouit d'abord d'une très bonne image, grâce à la nouvelle conception du logement (hygiène, confort, appartements spacieux) ; mais très vite, l'État se heurte aux résistances de certaines communes où les conseils municipaux menacent de démissionner si des foyers pour travailleurs étrangers sont construits sur le territoire de leur commune. La banlieue, séparée en communautés, devient un lieu de non-rencontre, isolé du centre-ville. De plus, le développement de l'automobile nécessitant parkings et routes, l'asphalte[2] fait peu à peu disparaître l'image idéalisée de la « ville verte ».

Dans les années 70-80, tenant compte des erreurs du passé, l'État décide de construire des villes « nouvelles », avec un centre économique et des équipements de loisir. Cergy-Pontoise, Marne-la-Vallée, Évry vont bientôt sortir de terre. Mais la crise économique des années 75 favorise l'éclatement de ces espaces de banlieue et contribue à faire naître une mauvaise image des cités : les plus défavorisés restent dans les grands ensembles des périphéries proches ou s'exilent dans des enclaves urbaines éloignées et mal reliées à la ville ; au contraire, les cadres et employés supérieurs retournent en centre-ville ou font construire des pavillons dans les communes périphériques encore protégées.

Dans les années 90, l'isolement social et les discriminations de plus en plus marquées provoquent des révoltes et de la violence, grossies par l'effet loupe des médias ; on commence à parler de « quartiers sensibles » plutôt que de banlieues. La présence policière, dont les interventions sont mal vécues, déclenche les premières grandes émeutes urbaines en France, dont celle, marquante, de 2005 : dans des banlieues de villes de toute la France, plus de 15 nuits de violences et d'incendies… qui vont relancer le débat sur la politique sociale, la politique de la ville, la politique d'éducation et d'intégration, mais aussi sur la responsabilité des architectes et des urbanistes.

1. Le fait de quitter la campagne pour s'installer en ville. – 2. Le bitume (ce qui recouvre les routes).

**1.** Comment comprenez-vous le mot « image » dans le titre et dans l'ensemble du texte ? Pourquoi le titre du document parle-t-il de « l'histoire d'une image » ?

........................................................................................................

........................................................................................................

**2.** Dans les années 50, quels nouveaux aspects de la société et de la vie quotidienne les architectes n'ont-ils pas pris en compte, quand ils ont construit les logements collectifs ?

........................................................................................................

........................................................................................................

**3.** À partir des années 75-80, quels sont les différents éléments qui sont responsables de la dégradation de l'image de la banlieue française ?

........................................................................................................

........................................................................................................

**4.** À quoi ressemble la banlieue dans votre pays ? Est-elle ressentie comme un lieu de violence et d'insécurité ?

# Les téléphones mobiles : enfer ou paradis ?

## Compréhension et expression orales

**1** 🎧 **Écoutez cette conversation entre une mère et sa fille et répondez aux questions.**

**1.** Quel âge ont-elles à peu près ? Justifiez votre réponse.

.................................................................................

**2.** Que cherche à faire la fille dans cette conversation ?

.................................................................................

**3.** Quels sont les arguments de la mère ? .............................................

.................................................................................

**4.** Avec quel argument la fille arrive-t-elle à convaincre sa mère ? Justifiez votre réponse en citant la réponse de la mère. .............................................

.................................................................................

**5.** Réécoutez le début de la conversation et expliquez l'expression « une petite vieille grabataire » en vous servant du contexte.

.................................................................................

**2** **Un garçon d'une douzaine d'années veut convaincre ses parents de lui acheter un portable. Ils ne sont pas vraiment d'accord. Faites-le parler.**

— Ce serait bien que j'aie un portable…
— Mais il y a un téléphone ici…

**a)** — Oui, mais ..........................................
— Et qu'est-ce que tu en ferais, de ton portable ?

**b)** — ..........................................
— C'est vrai que les factures de téléphone, elles ont sérieusement augmenté ces derniers temps ! Et qu'est-ce que tu feras quand tu n'auras plus de crédit sur ton portable ?

**c)** — ..........................................
— Et qui va payer ?

**d)** — ..........................................
— Je trouve quand même que tu es encore un peu trop jeune…

**e)** — ..........................................
— Tiens, je croyais que vous n'aviez pas le droit d'avoir de portable au collège…

— ..........................................
— Oh toi, tel que je te connais, en deux jours, tu n'auras plus de portable !

— ..........................................
— Je ne sais pas… on verra…

# Phonétique, rythme et intonation

**3** 🎧 Écoutez les phrases suivantes et dites si elles ont une intonation d'ennui (E) ou d'intérêt (I).

1. ......... 2. ......... 3. ......... 4. ......... 5. ......... 6. .........

# Phonie-graphie

**4** 🎧 Écoutez les phrases et choisissez entre « voir » et « voire »

1. ............... 2. ............... 3. ............... 4. ............... 5. ............... 6. ...............

# Compréhension et expression écrites

**5** **Lisez le texte suivant sur la place du téléphone portable dans notre vie amoureuse et répondez aux questions.**

*Ne favorise-t-il pas les comportements immatures[1] ?*

C'est dans le domaine amoureux que la place du téléphone portable dans nos vies devient manifeste. Grâce à lui, nous pouvons être constamment en contact avec l'être aimé. Le fait d'être « pendu » à notre téléphone développe la niaiserie amoureuse comme le souligne malicieusement la chanteuse Anaïs dans « Mon cœur, mon amour » :

*« Coucou, qu'est-ce que tu fais mon cœur ?*
*— La même chose qu'il y a une demi-heure…*
*— J't'ai appelé y a cinq minutes mon ange, ça ne répondait pas… Alors j't'ai rappelé… pour la dixième fois de la journée, en niquant[2] tout mon forfait. […]*
*— Mais qu'est-ce que tu fais mon adoré ?*
*— …Ouais, je sais, on se voit après. »*

Pendus à notre téléphone portable, nous prêtons le flanc à la caricature. Une jeune fille délaissée attendra des heures, l'esprit uniquement préoccupé du fait qu'il vibre ou qu'il sonne. Les soirs d'anxiété, on compulsera le répertoire du téléphone pour voir qui pourrait bien venir combler notre solitude. Le téléphone portable devient alors une solution d'urgence pour enrayer notre détresse et notre angoisse. Sans que cela ne résolve[3] rien…

Christophe Puyon, *Eurêka*, décembre 06

1. Qui se comporte comme un enfant. – 2. En dépensant tout le crédit téléphonique (très familier). – 3. Donner l'occasion aux autres de se moquer de nous. – 4. Subjonctif présent de résoudre (subjonctif obligatoire après « sans que »)

**1.** En vous aidant du contexte, retrouvez les expressions qui signifient :

la sottise, la bêtise dans le comportement amoureux : ..........................................

être sans arrêt en train de téléphoner : ..........................................

arrêter, stopper quelque chose : ..........................................

**2.** À votre avis, que signifie « compulser le répertoire du téléphone » ?

..........................................

**3.** Pourquoi les personnages de la chanson « Mon cœur, mon amour » sont-ils ridicules ?

..........................................

**4.** Pourquoi le téléphone portable nous rend-il immatures ?

..........................................

**5. Décrivez le dessin ci-dessous et interprétez-le.**

..................................................................

..................................................................

..................................................................

..................................................................

..................................................................

..................................................................

# Grammaire

**7** **Classez dans le tableau les connecteurs (mots qui organisent le texte) selon l'idée qu'ils expriment. Vous pouvez vous aider du dictionnaire.**

*voire – de plus – au contraire – non seulement...mais aussi – pourtant – c'est-à-dire – car – en fin de compte – cependant – parce que – donc – autrement dit – finalement – également – encore – et même – en effet*

| opposition | addition, accumulation | gradation | reformulation (dire autrement) | cause | conclusion |
|---|---|---|---|---|---|
| | | | | | |
| | | | | | |
| | | | | | |

**8** **Voici une liste de thèses (opinions) et une liste d'arguments. Reliez chaque argument à sa thèse avec un connecteur.**

*Liste de thèses :* 1. la colère est toujours condamnable. 2. La politesse est nécessaire. 3. Les voyages ouvrent l'esprit. 4. La violence n'est jamais une solution pour résoudre un problème.

*Liste d'arguments :* a. Ils permettent la découverte d'autres cultures, d'autres mondes, d'autres peuples. b. Certaines études montrent que la violence appelle la violence. c. Elle permet d'éviter les conflits et d'instaurer un respect mutuel. d. Elle conduit le plus souvent à des débordements qui aggravent la situation qui l'a fait naître.

**1.** ........................................... **2.** ...........................................

**3.** ........................................... **4.** ...........................................

**9** **Rédigez un texte qui dénonce les méfaits de la console vidéo à partir des arguments suivants. Reliez les arguments en utilisant des connecteurs qui traduisent l'idée d'accumulation et/ou de gradation. Mettez en évidence l'opposition entre l'apparence et la réalité.**

*En apparence :* elle détend, elle est un jeu comme les autres, elle est sans danger pour la santé, elle favorise la réflexion, elle évite de se sentir seul

*En réalité :* elle énerve le joueur, elle favorise la solitude et l'obésité, elle ne fait que créer des réflexes, elle coupe le joueur de la réalité.

Selon les spécialistes du jeu vidéo, la console serait le jeu idéal du XXᵉ siècle ...........................

..................................................................

..................................................................

..................................................................

...

**10** **Lisez le texte de de la rubrique « civilisation » et répondez aux questions.**

**1.** Quelles sont les expressions qui désignent le téléphone portable dans le texte ?

**2.** Quelle est l'expression, dans la 2ᵉ phrase du texte qui indique une idée d'opposition ? Par quels autres mots pourrait-on la remplacer ? Récrivez la phrase en utilisant un de ces mots.

**3.** Quel est le sens de l'adverbe « ainsi » (souligné dans le texte) ?

**4.** Soulignez les connecteurs qu'on pourrait placer au début de la dernière phrase.
*finalement – également – en effet – en conclusion – de plus – enfin – encore*

# Civilisation

**11** **Lisez ce texte.**

## SOURIEZ, C'EST VOUS QUI FILMEZ !

La vidéo sur mobile est largement perfectible[1]. Elle n'en est pas moins prise très au sérieux. L'année dernière, deux festivals ont <u>ainsi</u> récompensé les meilleurs courts-métrages réalisés sur mobile. Et ils rempilent[2] cette année. Du 6 au 8 octobre se déroule, au Centre Pompidou, la 2ᵉ édition du festival Pocket Films. Chacun peut aussi envoyer son film au Mobile Film Festival, du 1ᵉʳ novembre au 3 janvier. Les meilleurs seront sélectionnés pour la compétition qui se déroulera du 10 au 30 janvier. Les deux festivals montrent que la miniaturisation[3] de la vidéo ne rabougrit en aucun cas le talent. « Nous prenons en compte l'écriture de chaque film ainsi que ses qualités créatives », explique Bruno Smadja, organisateur du Mobile Film Festival. « Les contraintes techniques des appareils obligent à la création de films originaux. Le festival permet de découvrir de nouveaux talents. L'année dernière, un groupe d'humoristes, le Comité de la claque, a remporté la mention spéciale du jury », se félicite-t-il. De son côté, Pocket Films fait valoir une sélection relevée. En 2005, le festival avait prêté une centaine d'appareils à de jeunes artistes venus d'horizons variés – cinéma expérimental, photo, musique, arts plastiques –, pour un résultat à la hauteur des espérances. Après le cinéma, la télévision et l'ordinateur, le mobile pourrait bien être ce 4ᵉ écran qui bousculerait le rapport quotidien à l'image.

Stephan Muller, *Eurêka*, décembre 06

1. Qu'on peut perfectionner, améliorer. – 2. Recommencer une expérience. – 3. L'action de rendre petit un objet. – 4. Ici diminuer. – 5. Ici changer quelque chose.

**1.** Pourquoi l'utilisation du portable est-elle détournée de sa fonction première ?

**2.** À votre avis, quels sont les aspects à perfectionner pour la vidéo avec un mobile ?

**3.** Un film réalisé avec un mobile nécessite quelles qualités ?

**4.** Pourquoi peut-on dire que le téléphone portable, avec l'utilisation qui est décrite dans le texte, sert encore à communiquer ?

**5.** En quoi le mobile peut « bousculer le rapport quotidien à l'image » ? (vous pouvez regarder des vidéos sur ces sites : http://www.festivalpocketfilms.fr et http://www.mobile-film-festival.france2.fr/video.php)

# Que savez-vous sur l'Europe?

## Compréhension et expression orales

**1** **Vous expliquez à un adolescent comment fonctionne l'Union européenne. Aidez-vous du schéma ci-dessous. Utilisez *d'abord, ensuite, puis, enfin, finalement.***

| | |
|---|---|
| **1. CONSEIL EUROPÉEN**<br>(chefs d'État ou de gouvernement de l'U.E.)<br><br>*ORIENTATION de la politique générale de l'U.E:*<br>encourage à améliorer la législation européenne | ▶ | **2. COMMISSION EUROPÉENNE**<br>(27 commissaires désignés par le Conseil<br>+ 1 président désigné par le Conseil)<br><br>*PROPOSITION de nouvelles lois*<br>▼ |
| **4. CONSEIL DE L'U.E.**<br>(ministres des différents États membres)<br><br>*Lois examinées par le Parlement<br>rediscutées et votées* | ◀ | **3. PARLEMENT EUROPÉEN**<br>(députés élus directement au suffrage universel dans chaque État membre. Le nombre des députés dépend du nombre d'habitants. 78 pour la France<br><br>▶ *Lois examinées,<br>débattues et votées* |

(Nouvelle législation européenne)

— Comment ça marche l'Union européenne?... Alors,...

## Compréhension et expression écrites

**2** **Lisez cet article du *Monde* rédigé peu de temps avant le référendum du 29 mai 2005[1] et répondez aux questions.**

L'Europe passionne la France, et la France passionne l'Europe. [...] la France est devenue, pour un temps, le centre de l'Europe réunifiée, et l'Europe est devenue le cœur de la conversation française[2].

Mais nos voisins et partenaires – et certains commentateurs nationaux – se tromperaient lourdement s'ils pensaient que la France ingrate et grognon[3] leur tournait le dos au nom de son complexe de supériorité. Au contraire, les Français ont tellement besoin d'Europe qu'ils souhaiteraient que son élaboration participe bien davantage à la résolution de leurs problèmes. C'est qu'une part importante des Français souffre et que la France doute. Comment, en effet, un pays qui se perçoit concrètement et symboliquement en mal d'avenir pourrait-il envisager de ne point débattre passionnément d'une question d'avenir : l'intégration européenne?

La véritable question est <u>donc</u> celle de l'état de la France, et, <u>à cet égard</u>, force est de reconnaître que nous avons nous-même oublié notre révolte devant l'inacceptable – le chômage de masse –, comme si une actualité permanente depuis deux décennies n'était plus… d'actualité. En un sens, les Français débattent par procuration pour les autres citoyens européens dont le pays est caractérisé par un chômage élevé.

J.-P. Fitoussi, *Le Monde*, 9/05/05

1. Le 29 mai 2005 les Français étaient parmi les premiers Européens à voter pour ou contre l'établissement d'une nouvelle constitution européenne. C'est le premier pays qui a voté «non» en majorité. – 2. Le principal sujet de conversation – 3. Qui n'a pas de reconnaissance et qui est de mauvaise humeur

**1.** Retrouvez l'expression qui signifie que les Français débattent pour d'autres personnes, à leur place : ......................................................................................................................................

**2.** En vous aidant du contexte, expliquez l'expression : «tourner le dos à quelqu'un».

..................................................................................................................................................

**3.** Quelle expression désigne les autres États membres de l'Union européenne?

..................................................................................................................................................

**4.** L'auteur est-il présent dans ce texte? De quelle manière?

..................................................................................................................................................

**5.** Expliquez l'utilisation des articulateurs logiques soulignés dans le texte.

..................................................................................................................................................

..................................................................................................................................................

**6.** Expliquez les deux premières phrases de cet article.

..................................................................................................................................................

**7.** Selon le journaliste, c'est le chômage qui explique l'hésitation des Français à voter «oui» lors du référendum. À votre avis, l'utilisation du «nous» dans l'expression «nous avons nous-mêmes oublié notre révolte» désigne-t-elle tous les Français ou les Français qui sont moins concernés par le chômage? ....................................................................................................................

**3** **Complétez le texte avec les mots suivants** *considérer que, éviter, réclamer, remplacer (2 fois), au lieu de, l'existence, uni, au cours de* **(2 fois).**

Bien avant ................................... officielle de l'Union européenne, de nombreux empereurs et princes ont rêvé d'un espace européen soumis à une seule couronne. De la même façon, ................................... siècles, plusieurs philosophes, écrivains ou juristes ................................... le rapprochement des peuples d'Europe était un avantage incontestable.

En 800, Charlemagne, sacré empereur d'Occident par le Pape à Rome est à la tête d'un vaste empire européen. Mais quelques années après sa mort, plusieurs royaumes ................................... son empire unifié. ................................... Moyen Âge, l'Europe connaît une certaine unité économique, culturelle et surtout religieuse. Mais au XVIᵉ siècle, l'empereur Charles-Quint qui se heurte aux ambitions de la France et à la réforme de Luther, ne peut ................................... l'échec de son projet d'unification d'une Europe chrétienne.

Dès 1804, l'empereur Napoléon Iᵉʳ rêve d'une Europe ................................... Cependant, pour certains, ................................... répandre en Europe les idées nouvelles comme l'abolition des privilèges, le Code civil, les libertés individuelles, Napoléon n'a fait que renforcer la domination de la France sur les autres nations.

En 1848, les peuples se révoltent dans toute l'Europe et ................................... davantage de libertés. L'écrivain et député Victor Hugo voit dans le réveil des nations la promesse d'une unification européenne. Il déclare en 1849 : «Un jour viendra où vous, France, vous Russie, vous Italie, vous Angleterre, vous Allemagne, vous toutes, nations du continent, sans perdre vos qualités distinctes, et votre glorieuse individualité, vous vous fondrez étroitement dans une unité supérieure et vous constituerez la fraternité européenne.»

Mais les nationalismes agressifs vont bientôt remplacer les rêves de paix entre les nations et conduiront aux deux guerres mondiales.

## Grammaire

**4** **Dans les phrases suivantes, dites si «aussi» exprime l'idée d'accumulation ou celle de conséquence qui permet de conclure.**

**1.** L'Europe est le moyen de garantir une paix durable entre les états membres ; elle est aussi le moyen de s'ouvrir aux autres. ..............................................

**2.** Le référendum européen concerne tous les États membres ; aussi plusieurs citoyens réclament que le vote ait lieu le même jour dans tous les pays de l'Union. ..............................................

**3.** Stella considère qu'il faut changer beaucoup de choses au traité européen ; aussi elle votera «non» au référendum. ..............................................

**4.** L'Allemagne, le Benelux et la France ont signé la convention de Schengen. La Norvège aussi, même si elle ne fait pas partie de l'Union européenne. ..............................................

Que pouvez-vous dire de la place d' «aussi» quand il exprime l'idée de conséquence ?
..............................................

**5** **Reliez les phrases suivantes en utilisant les articulateurs logiques suivants : *en effet, aussi* (accumulation), *cependant, autrement dit, par conséquent.***

**1.** Les négociations d'adhésion avec la Croatie et la Turquie ont démarré en octobre 2005 ; .............................. les discussions entre Bruxelles et Ankara ont été partiellement interrompues en décembre 2006.

**2.** Le livre «La France au risque de l'Europe» n'est pas seulement un livre sur l'histoire de la politique européenne de la France ; il montre .............................. les rapports parfois ambigus entre la France, les Français et l'Europe.

**3.** La Bulgarie et la Roumanie sont entrées dans l'Union le 1er janvier 2007 ; .............................. la commission européenne avait rendu un avis favorable en 2006.

**4.** Les Français ont voté «non» lors du référendum de mai 2005 ; .............................. la nouvelle constitution européenne ne pourra être mise en place.

**5.** Le nombre des députés européens représentant chaque état membre varie en fonction du nombre d'habitants. .............................., plus la population d'un pays est importante, plus il aura de députés au Parlement européen.

**6** **Quel rapport logique est exprimé dans les phrases suivantes : opposition, cause ou conséquence ?**

**1.** Vous, vous vous mettez en colère ; moi, je garde mon calme ! ..............................................

**2.** Il faudrait conseiller Fabienne : cela lui éviterait de faire des bêtises. ..............................................

**3.** C'est bien le téléphone portable : on peut joindre quelqu'un quand on en a envie. ..............................................

**4.** Ils voulaient éviter la guerre ; ils l'ont provoquée. ..............................

**5.** Autrefois il arrivait qu'on reproche aux enfants de lire : la lecture était considérée comme un loisir et signifiait «perdre son temps». ..............................

**6.** Le ministre des Affaires étrangères a été très critiqué : il a présenté sa démission.
..............................

# Civilisation

**7** 🎧 **À la question «êtes-vous d'abord Français, Européen ou citoyen du monde ? », écoutez les réponses de Géraldine, Thierry et Rémi, tous les trois français âgés de 18 à 25 ans. Répondez ensuite aux questions.**

**1.** Vrai ou faux ?

|  | V | F |
|---|---|---|
| a. Géraldine est française avant d'être européenne. | ☐ | ☐ |
| b. Thierry est né près de la frontière belge. | ☐ | ☐ |
| c. Thierry va régulièrement en Angleterre. | ☐ | ☐ |
| d. Rémi n'arrive pas à se considérer européen. | ☐ | ☐ |
| e. Rémi pense qu'il ne pourra jamais être européen. | ☐ | ☐ |
| f. Tous les trois se considèrent «citoyens du monde». | ☐ | ☐ |

**2.** Pourquoi Géraldine se sent-elle européenne ?
..............................................................................................

**3.** Qu'est-ce qui favorise le fait que Thierry se considère d'abord européen ?
..............................................................................................

**4.** Quel est le problème de Thierry quand il va dans les pays européens ?
..............................................................................................

**5.** Rémi propose quels arguments pour expliquer le fait qu'il ne se sent pas européen ?
..............................................................................................
..............................................................................................

**6.** Pourquoi peut-on dire que Rémi s'intéresse quand même à l'Union européenne ?
..............................................................................................

**7.** Réécoutez la réponse de Rémi et expliquez l'expression : «à l'instant T je me sens français».
..............................................................................................

**8.** Et vous ? Si dans votre pays, cette question vous était posée (par rapport à votre nationalité, bien sûr), que répondriez-vous ? Pourquoi ?
..............................................................................................
..............................................................................................
..............................................................................................

# Qu'est-ce que le bonheur?

## Compréhension et expression orales

**1** 🎧 **Écoutez ce poème de Paul Verlaine (1844-1896), qu'il a écrit entre 1871 et 1873 pendant qu'il était en prison. (le poème a été publié en 1881). Complétez-en le texte puis répondez aux questions.**

**1.** *Le ciel est par-dessus le toit*

Le ..................... est, par-dessus le toit,

Si bleu, si ..................... !

Un arbre, par-dessus le ..................... ,

..................... sa palme[1].

La cloche, dans le ciel qu'on ..................... ,

..................... tinte.

Un ..................... sur l'arbre qu'on voit

..................... sa plainte.

Mon Dieu, ..................... , la vie est ......... ,

Simple et..................... .

Cette paisible rumeur-là

Vient de la ..................... .

— Qu'as-tu fait, ô toi ......... .....................

Pleurant ..................... ..................... ,

Dis, ......... ......... ........... , toi que voilà,

De ta jeunesse?

Paul Verlaine, *Sagesse*, 1881

1. Ses branches.

**2.** Soulignez tous les «e» muets qu'on entend dans ce poème.

**3.** Essayez de trouver la règle de prononciation du «e» muet en poésie. La lettre qui suit le «e» muet est-elle une consonne ou une voyelle?

.....................................................

**4.** Écoutez bien la 3e strophe (le 3e paragraphe). Séparez d'un trait les groupes rythmiques. Que constatez-vous pour «paisible»?

**5.** En quoi y a-t-il harmonie du rythme?

.....................................................

**6.** Diriez-vous que le bonheur décrit dans les trois premières strophes est plutôt «une paix intérieure» ou «une satisfaction»? Pourquoi?

.....................................................

**7.** Pourquoi la dernière strophe s'oppose-t-elle aux trois premières? À votre avis, pourquoi l'évocation de l'extérieur ramène le poète à lui-même?

.....................................................

.....................................................

**2** **Apprenez ce poème de Verlaine et récitez-le en respectant la règle de prononciation du «e» muet.**

# Compréhension et expression écrites

**3** **Lisez le texte suivant et répondez aux questions.**

Heureux les Français. C'est-à-dire vous et moi… C'est ce que nous déclarons à ceux qui nous sondent… 86 % des jeunes, et 96 % des adultes sondés se considèrent heureux. C'est la révélation d'un sondage SOFRES / MARIE-CLAIRE.

30 % des personnes interrogées pensent qu'on est heureux après 45 ans. Cependant, les jeunes ont la nostalgie de leur enfance. Ils pensent que c'est entre 0 et 5 ans que l'on est heureux. […]

Mais pour en savoir plus, Marie-Claire a soumis les réponses des Français sur le bonheur au philosophe André Comte-Sponville, auteur d'un *Traité du désespoir et de la béatitude*[1] ; celui-ci fait les remarques suivantes :

« Je crois qu'en fait, les Français ont inversé la question en se demandant : suis-je malheureux ? Ils répondent non et concluent qu'ils sont heureux. » Il ajoute : « ce n'est pas parce qu'on n'est pas malheureux qu'on est heureux. C'est ce que les parents disent aux enfants : "Pense à tous ceux qui meurent de faim". Tant que le pire n'est pas arrivé, on se dit que jusqu'ici, ça va ! En tout cas, c'est donner au mot heureux un sens restreint[2]. »

Le philosophe définit le bonheur ainsi : « On est obligé d'avoir deux mots. L'un pour dire cet état relatif de bien-être quand on n'est ni malade, ni chômeur, ni abandonné et que l'on n'a pas faim, et l'autre pour dire cet état de bien-être intérieur qui a trait à la joie. C'est le seul bonheur qui soit permanent. Comme disait Pascal : « il y a un bonheur matériel qui dépend des conditions de vie, et un bonheur spirituel qui dépend des conditions de l'âme. »

« Et ce qui est un peu inquiétant dans ce sondage, précise le philosophe interrogé par le journal Marie-Claire, c'est que l'on a le sentiment que les gens ne sont pas très difficiles. On ne peut pas s'empêcher de trouver qu'ils ont mis la barre un peu bas, qu'ils se contentent du bonheur matériel, du petit bonheur. »

http://www.unpoissondansle.net (octobre 1996)

1. Le bonheur parfait. – 2. Étroit, limité.

**1.** En vous aidant du contexte, essayez d'expliquer les expressions suivantes :

avoir la nostalgie de quelque chose : ...................................................................................

avoir trait à quelque chose : ..............................................................................................

mettre la barre un peu bas : ...............................................................................................

**2.** À partir des informations des 2e et 4e paragraphes du texte, retrouvez deux questions qui ont été posées aux Français lors de ce sondage SOFRES / MARIE-CLAIRE.

..........................................................................................................................................

**3.** Pourquoi, selon le philosophe interrogé, les Français donnent-ils au mot « heureux » un sens limité ?

..........................................................................................................................................

**4.** Le philosophe définit deux types de bonheur : le bonheur matériel et le bonheur spirituel. Classez les mots suivants selon l'idée qu'ils expriment. (Aidez-vous du dictionnaire)

*béatitude – contentement – satisfaction – ravissement – plaisir – extase – bien-être – agrément – joie – prospérité*

bonheur matériel : .............................................................................................................

..........................................................................................................................................

bonheur spirituel : ............................................................................................................

..........................................................................................................................................

**4** **Relisez le poème de Paul Verlaine. Présentez-le en vous aidant à la fois des questions de l'exercice 1 et des indications ci-dessous. Dites ensuite si vous aimez ce poème et pourquoi (rythme, sonorités, couleurs, images…)**

1871 : Verlaine part vivre en Angleterre et en Belgique avec le poète Arthur Rimbaud.

1873 : Il tire deux coups de révolver sur Rimbaud ; il est condamné à deux ans de prison et apprend que sa jeune femme a obtenu la séparation officielle. En prison, il se tourne vers la religion et cherche la sagesse : il veut rompre avec la vie agitée et désordonnée qu'il a connue pendant cinq ans.

« Le ciel est par-dessus le toit » est un poème que Verlaine a écrit lorsqu'il était en prison, entre 1871 et 1873. Le poète évoque ..................................................................................

....................................................................................................................................

....................................................................................................................................

....................................................................................................................................

....................................................................................................................................

....................................................................................................................................

# Grammaire

**5** **Dites si les phrases suivantes expriment l'idée d'opposition ou celle de concession. (dans la concession, on accepte en partie une affirmation pour la corriger ensuite).**

**1.** Bien que Stéphanie paraisse heureuse, la vie n'est pas toujours facile pour elle. ..........................

**2.** Tu vantes la sincérité de Nicolas alors que moi, je ne lui fais pas confiance. ..........................

**3.** Notre proposition a été rejetée sans qu'elle ait été étudiée. ..........................

**4.** Certes, cette lampe est utile, mais elle n'est pas très belle. ..........................

**5.** Carla se passionne pour la politique, mais son mari ne s'y intéresse pas. ..........................

**6.** Tu sais, je t'aime bien, même si je ne partage pas toutes tes opinions. ..........................

**6** **Lisez le texte de la rubrique « civilisation » et répondez aux questions.**

**1.** Quels sont les deux pronoms personnels que l'auteur utilise pour se désigner ? Essayez de justifier leur emploi.

....................................................................................................................................

....................................................................................................................................

**2.** Le lecteur est-il présent dans le texte ? Comment est-il désigné ?

....................................................................................................................................

**3.** Quelle est la valeur du conditionnel présent dans les expressions « On devrait enseigner… », « On devrait tenir… » et « Il faudrait expliquer… » ?

....................................................................................................................................

**4.** Relevez dans le texte :

trois expressions de l'opposition : ..............................................................................

....................................................................................................................................

trois expressions de la concession : ..........................................................................

....................................................................................................................................

une expression de reformulation : ....................................................................................

**5.** Par quel mot peut-on remplacer « et » dans la phrase : « chacun cherche à vivre et non à mourir » ? ..................................

# Civilisation

**7** **Lisez le texte d'Alain (de son vrai nom Émile Auguste Chartier, (1868-1951) extrait de *Propos sur le bonheur* et répondez aux questions.**

*Le philosophe français Alain, de son vrai nom Émile Auguste Chartier, est né en 1868 et mort en 1951.*

On devrait bien enseigner aux enfants l'art d'être heureux. Non pas l'art d'être heureux quand le malheur vous tombe sur la tête : je laisse cela aux stoïciens[1] ; mais l'art d'être heureux quand les circonstances sont passables[2] et que toute l'amertume de la vie se réduit à de petits ennuis et à de petits malaises.

La première règle serait de ne jamais parler aux autres de ses propres malheurs, présents ou passés. On devrait tenir pour une impolitesse de décrire aux autres un mal de tête, une nausée, une aigreur, une colique[3], quand même ce serait en termes choisis. De même pour les injustices et pour les mécomptes. Il faudrait expliquer aux enfants et aux jeunes gens, aux hommes aussi, quelque chose qu'ils oublient trop, il me semble, c'est que les plaintes sur soi ne peuvent qu'attrister les autres, c'est-à-dire en fin de compte leur déplaire, même s'ils cherchent de telles confidences, même s'ils semblent se plaire à consoler. Car la tristesse est comme un poison ; on peut l'aimer, mais non s'en trouver bien ; et c'est toujours le plus profond sentiment qui a raison à la fin. Chacun cherche à vivre et non à mourir ; et cherche ceux qui vivent, j'entends[4] ceux qui se disent contents, qui se montrent contents. Quelle chose merveilleuse serait la société des hommes, si chacun mettait de son bois au feu, au lieu de pleurnicher sur des cendres !

Alain, *Propos sur le bonheur*, 1928

1. Celui est assez courageux pour supporter le malheur, la douleur.– 2. Supportable, moyen. – 3. Envie de vomir, mal de ventre. – 4. Entendre a ici un emploi particulier ; il signifie « je veux dire ».

**1.** Cherchez dans le texte les mots qui signifient :

le découragement, le dégoût : ....................................................................

un mot, une expression : ....................................................................

**2.** En vous aidant du contexte, expliquez les expressions suivantes :

« quand le malheur vous tombe sur la tête » : ....................................................

« si chacun mettait de son bois au feu, au lieu de pleurnicher sur des cendres ». (pleurnicher veut dire pleurer sans raisons, d'une façon particulière)

....................................................................................................................

**3.** Quels arguments Alain utilise-t-il pour convaincre le lecteur qu'il ne faut pas « parler aux autres de ses propres malheurs » ?

....................................................................................................................

....................................................................................................................

**4.** À votre avis, que peut apporter à une personne le fait d'apprendre à être heureux ?

....................................................................................................................

....................................................................................................................

N° d'éditeur : 10163931 - Dépôt légal : octobre 2009
Achevé d'imprimer sur les presses de Jouve, Mayenne - N° 492145Z